Wolfgang Lenzen | Ansgar Lorenz · David Hume

Bibliografische Information der Deutschen Nationalbibliothek

Die Deutsche Nationalbibliothek verzeichnet diese Publikation in der Deutschen Nationalbibliografie; detaillierte bibliografische Daten sind im Internet über http://dnb.d-nb.de abrufbar.

Koninklijke Brill NV umfasst die Imprints Brill, Brill Nijhoff, Brill Hotei, Brill Schöningh, Brill Fink, Brill mentis, Vandenhoeck & Ruprecht, Böhlau, Verlag Antike und V&R unipress.

Internet: www.fink.de

Einbandgestaltung: Ansgar Lorenz
Herstellung: Brill Deutschland GmbH, Paderborn
ISSN: 2702-6833
ISBN: 978-3-7705-6668-6 (paperback)
ISBN: 978-3-8467-6668-2 (e-book)

Wolfgang Lenzen | Ansgar Lorenz

David Hume

Philosophische Einstiege

BRILL | FINK

I. Humes Leben

Humes Kindheit

David Hume wurde am 26. April 1711 (alten Kalenders) in Edinburgh geboren. Er entstammte einer Familie des schottischen Landadels und verbrachte die Kindheit auf dem Familiengut. Seinen eigenen Worten zufolge war die Familie allerdings nicht reich:

> Und mir als jüngerem Bruder stand nach der Sitte meines Landes nur ein sehr schmales väterliches Erbteil zu. Mein Vater [...] starb [1713], als ich noch ein [kleines] Kind war, und ließ mich zusammen mit einem älteren Bruder [John] und einer Schwester [Catherine] in der Obhut unserer Mutter zurück. Obwohl noch jung und schön, widmete sich diese höchst verdienstvolle Frau ausschließlich der Aufzucht und Erziehung ihrer Kinder.

Die von uns (in eckigen Klammern) ergänzten Details zeigen schon, dass Hume in seiner Autobiographie *My Own Life*, die er kurz vor seinem Tode 1776 verfasste, nicht viel *Privates* preiszugeben bereit war. Über die Beziehungen zu seinen Geschwistern und zu den Eltern schweigt er sich weitestgehend aus. Auch den frühzeitigen Tod seiner Mutter Katherine erwähnt er nur beiläufig:

> 1749 ging ich nach Schottland und lebte zwei Jahre bei meinem Bruder auf seinem Landsitz (meine Mutter war mittlerweile [1745!] gestorben).

Seit dem 15. Jahrhundert die Hauptstadt von Schottland: Edinburgh

Humes Verhältnis zu Frauen

Ob Frauen in Humes Leben eine nennenswerte Rolle gespielt haben, bleibt weitgehend im Dunklen. Wie Hume selbst es ausdrückte, erfasste ihn schon sehr früh „eine Passion für die Literatur, die dann die beherrschende Leidenschaft meines Lebens und eine große Quelle meiner Freuden geblieben ist". Seine Autobiographie ist deshalb weitgehend nur eine Aufzählung der Entstehung und der Rezeption seiner Werke. Humes Verhältnis zum weiblichen Geschlecht wird durch die folgende Bemerkung jedenfalls nicht wirklich deutlich: „Und ebenso wie mir die Gesellschaft sittsamer [!] Frauen ein besonderes Vergnügen war, hatte ich keinen Grund, mit der Aufnahme unzufrieden zu sein, die ich bei ihnen fand." Laut Frank Brosow, dem Autor einer 2021 erschienenen Einführung in die Philosophie Humes, soll der *„homme de lettres"* während des Paris-Aufenthalts allerdings „eine enge Beziehung" zur Marquise de Boufflers (siehe unten) entwickelt haben. Diese Madame Marie Catherine de Beauvau galt, laut Wikipedia, als schön, gebildet und geistreich; sie heiratete François des Boufflers, den Marquis d'Amestranges, wurde später die ‚Favoritin' des Herzogs Stanislas, doch dies „hinderte sie nicht daran, zahlreiche Affären einzugehen, die ihr den Beinamen ‚Madame de Volupté' eintrugen."

Die Schilderung des äußeren Erscheinungsbildes, das der Kunstliebhaber (und spätere Lord of Charlemont) James Caulfeild 1745 von Hume zeichnete, lässt darauf schließen, dass der Philosoph allerdings kein großer Casanova gewesen sein kann: „Sein Gesicht war derb und fett, sein Mund breit und ohne irgendeinen anderen Ausdruck als Schwachsinn. Seine Augen waren leer und geistlos, und die Körperfülle [...] passte viel besser zur Vorstellung eines Schildkröte essenden Ratsherrn als zu der eines abgeklärten Philosophen. Wegen seines breitesten und vulgärsten schottischen Akzents klang sein Englisch lächerlich, sein Französisch war, wenn dies überhaupt möglich ist, noch lächerlicher. Noch nie ist Weisheit aus einem solchen Mund geflossen, noch nie hat sie sich in solch plumpe Hülle gekleidet." Humes wenig anziehendes Äußeres stand nicht nur in starrem Kontrast zu seiner „Weisheit", sondern auch zu seinem Charakter, den er selbst so umschrieb:

> Ich war ein Mann sanften Gemüts, war selbstbeherrscht, offen, gesellig und heiter, war leicht anderen zugetan und nur schwer jemandem feindlich gesonnen und war maßvoll in allen meinen Leidenschaften. Selbst vom Streben nach literarischem Ruhm, meiner herrschenden Leidenschaft, ließ ich mir, häufigen Fehlschlägen zum Trotz, meine heitere Laune nicht vergällen. Der unbekümmerten Jugend war meine Gesellschaft ebenso wenig unwillkommen wie dem Gelehrten und dem Literaten.

Schule, Studium, Berufstätigkeit

Die schulische bzw. akademische Ausbildung, die Hume von 1723–1729 an der Universität Edinburgh erhielt, führte nicht zu dem erhofften Abschluss:

> Meine Neigung zum Studium, meine Ernsthaftigkeit und mein Fleiß ließen meine Familie zu der Ansicht kommen, dass Jura das geeignete Fach für mich wäre. Doch ich fand in mir eine unüberwindliche Abneigung gegen alles außer gegen Philosophie und allgemeine Gelehrsamkeit [general learning].

So besuchte er fast ausschließlich Vorlesungen zur Philosophie, zur Literatur und zu alten Sprachen. Nach Angaben von Frank Brosow brach Hume das Studium 1729 ohne Examen ab. Es folgten „mehrere Phasen schwerer Depression, die Hume auf eine falsche (stoische) Art des Philosophierens zurückführte". Diese Probleme werden in der Autobiographie mit keinem Wort erwähnt. Hume erzählt lediglich, dass er einen „sehr halbherzigen" Versuch unternahm, durch ordentliche Berufstätigkeit Geld zu verdienen:

> 1734 ging ich nach Bristol, ausgestattet mit Empfehlungsschreiben an angesehene Kaufleute. Doch schon innerhalb von wenigen Monaten merkte ich, dass dieses Leben für mich überhaupt nicht das richtige war. In der Absicht, zurückgezogen irgendwo auf dem Lande meine Studien fortzusetzen, ging ich nach Frankreich. Und dort entwarf ich mir den Lebensplan, an den ich mich ständig und mit Erfolg gehalten habe. Ich fasste den Beschluss, durch strengste Sparsamkeit auszugleichen, was mir an Vermögen abging, mir meine Unabhängigkeit uneingeschränkt zu erhalten und auf nichts zu achten als auf die Förderung meiner literarischen Talente.

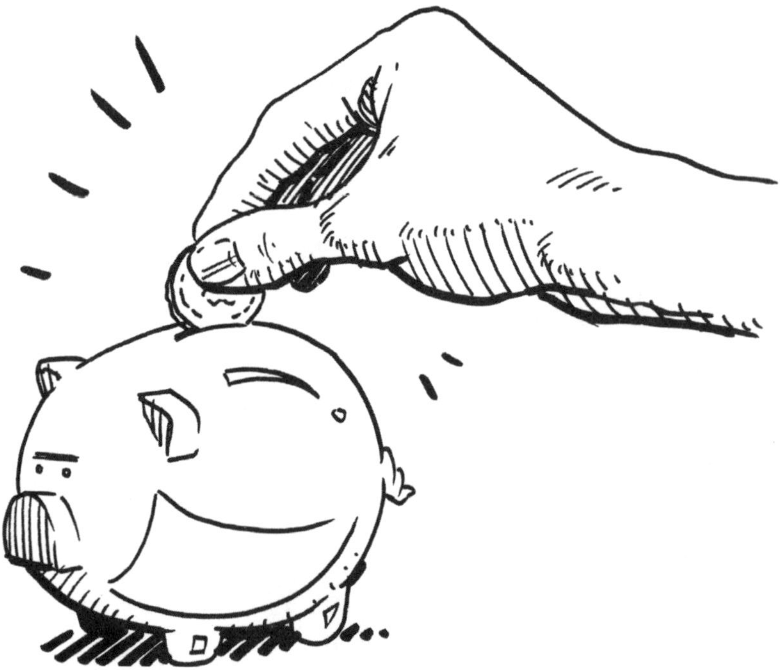

Der junge Privatgelehrte schreibt sein Hauptwerk

Die nächsten Jahre lebte Hume in Reims und in La Flèche in der Provinz Anjou. Dort verfasste er den *Traktat über die menschliche Natur*, der 1739 und 1740 in London erschien. Humes Hoffnungen auf Ruhm wurden jedoch bitter enttäuscht. Nach seiner drastischen Schilderung „fiel der *Traktat* als Totgeburt von der Presse und fand nicht einmal so viel Beachtung, um unter religiös orthodoxen Eiferern auch nur ein leises Murren zu erregen". Selbst das verzweifelte Mittel, durch eine anonyme Anzeige Aufmerksamkeit auf das Buch zu lenken, änderte daran nichts. Dafür besitzen wir heute in dem *Abriss eines neuen Buches, betitelt: Ein Traktat über die menschliche Natur* eine vorzügliche Kurzfassung von Humes theoretischer Philosophie.

Hume als Erzieher

> Aber da ich von Natur aus frohgemut und von sanguinischem Temperament bin, erholte ich mich rasch von diesem Schlag und setzte auf dem Lande mit großem Eifer meine Studien fort. 1742 ließ ich in Edinburgh den ersten Teil meiner *Essays* drucken. Das Werk [*Essays Moral and Political*] fand günstige Aufnahme und ließ mich meine frühere Enttäuschung bald vollständig vergessen. Ich lebte weiterhin bei meiner Mutter und meinem Bruder auf dem Lande und eignete mir in jener Zeit die Kenntnis der griechischen Sprache wieder an, die ich in meiner frühen Jugend zu sehr vernachlässigt hatte.
> 1745 erhielt ich eine Einladung des Marquis von Annandale, zu ihm zu kommen und mit ihm in England zu leben. Es war auch der Wunsch der Freunde und der Familie dieses jungen Edelmannes, ihn des Zustands seines Geistes und seiner Gesundheit wegen meiner Fürsorge und Leitung anzuvertrauen. Ich lebte zwölf Monate bei ihm, und die Einkünfte während jener Zeit stellten eine bedeutende Vermehrung meines schmalen Vermögens dar.

Hume als Diplomat

Dann erhielt ich ein Angebot von General St. Clair, ihn auf einer Expedition, die zuerst nach Canada gehen sollte, aus der dann aber eine Landung an der Küste Frankreichs wurde, als Sekretär zu dienen. Im Jahr darauf, das heißt 1747, bot mir der General an, ihm in derselben Stellung bei seinen militärisch-diplomatischen Missionen an den Höfen von Wien und Turin zu dienen. Ich trug damals also die Uniform eines Offiziers und wurde an diesen Höfen, zusammen mit Sir Henry Erskine und Kapitän Grant, heute General Grant, als Adjutant des Generals eingeführt. Diese zwei Jahre sind im Laufe meines Lebens fast die einzige Zeit gewesen, für die ich meine Studien unterbrach. In guter Gesellschaft verbrachte ich eine angenehme Zeit. Und meine Einkünfte, verbunden mit meiner Sparsamkeit, hatten mich ein Vermögen erlangen lassen, das ich Unabhängigkeit nannte, obwohl meine Freunde meist nur ein Lächeln bereit hatten, wenn ich mich entsprechend äußerte; kurz: ich war jetzt Herr über ungefähr eintausend Pfund.

Hume setzt seine philosophischen Studien fort

Während all der Jahre ist es mir nie aus dem Kopf gegangen, dass der Misserfolg, den ich mit der Publikation des *Traktats über die menschliche Natur* erlitten hatte, mehr von seiner Form als seinem Inhalt herrührte und dass ich mich wie so viele der Unbesonnenheit schuldig gemacht hatte, das Buch zu früh in Druck zu geben. Ich goss daher den ersten Teil in die neue Form der *Untersuchung über den menschlichen Verstand*. Sie erschien, während ich in Turin weilte.
Doch dieses Buch hatte zuerst keinen besseren Erfolg als der Traktat [...]. Und aus Italien zurückkehrend, musste ich die Demütigung erfahren, ganz England in gärender Erregung über Dr. Middletons *Free Enquiry [into the Miraculous Powers, which are Supposed to Have Subsisted in the Christian Church]* zu finden, während mein Werk glatt übersehen und vernachlässigt wurde.
Eine neue in London herausgebrachte Ausgabe meiner moralischen und politischen Essays fand kaum bessere Aufnahme.

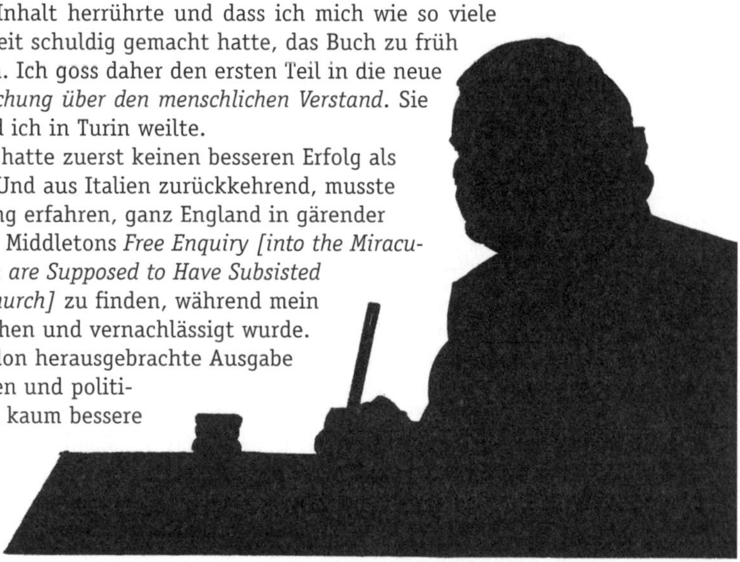

Doch das ist die Kraft meines Naturells, dass diese Enttäuschungen wenig oder keinen Eindruck auf mich machten. 1749 ging ich nach Schottland und lebte zwei Jahre bei meinem Bruder auf seinem Landsitz [...]. Dort verfasste ich den zweiten Teil meiner Essays (ich nannte sie *Politische Diskurse*) und meine Untersuchung über die Prinzipien der Moral, wobei es sich um einen anderen neu gefassten Teil meines Traktats handelt. [...]
1751 kehrte ich vom Lande in die Stadt, dem wahren Ort für einen *homme de lettres*, zurück. 1752 erschienen in Edinburgh, wo ich damals lebte, meine *Politischen Diskurse*, mein einziges Werk, das mit erstem Erscheinen erfolgreich war, denn daheim wie im Ausland wurde es gut aufgenommen. Im selben Jahr erschien in London meine *Untersuchung über die Prinzipien der Moral*. Meiner Ansicht nach (obwohl es nicht an mir ist, darüber zu befinden) ist dieses Werk unvergleichlich viel besser als alle meine anderen historischen, philosophischen oder literarischen Schriften. Unbeachtet und unbemerkt kam dieses Buch zur Welt.

Hume als Bibliothekar und Historiker

Während Hume sich über die anfänglichen Misserfolge seiner philosophischen Schriften offen äußert, verschweigt er in seiner Autobiographie, dass er sich, ebenfalls ohne Erfolg, um eine akademische Karriere bemüht hat. Seine Bewerbungen um einen Lehrstuhl an der Universität Edinburgh 1745 bzw. Glasgow 1751 schlugen fehl. Wie Gerhard Streminger in der Einleitung zu Humes *Untersuchung über die Prinzipien der Moral* erläutert, warfen ihm die Universitäten damals „Ketzerei, Skeptizismus und Atheismus" vor. Gegen diese Vorwürfe versuchte sich Hume übrigens in einem Büchlein mit dem Titel *Letter from a Gentleman to his Friend in Edinburgh* zu verteidigen. Seine weitere berufliche Karriere verlief jedenfalls in ganz anderen Bahnen:

1752 wählte mich die Anwaltskammer zu ihrem Bibliothekar. Das war ein Amt, für das ich zwar wenig oder gar kein Gehalt bezog, durch das mir aber eine große Bibliothek zu Gebote stand. Ich fasste damals den Plan, die Geschichte Englands zu schreiben. Aber weil mich die Vorstellung schreckte, einen Zeitraum von 1700 Jahren vom Beginn an lückenlos darzustellen, so begann ich mit der Thronbesteigung des Hauses Stuart, denn das schien mir die Epoche zu sein, von der parteilich verfälschende Darstellungen hauptsächlich ihren Ausgang nahmen. Ich war, das bekenne ich, hochgestimmt in Erwartung auf den Erfolg des Werkes. Ich glaubte, der einzige Historiker zu sein, der sich weder um gegenwärtig herrschende Mächte, Interessen und Autoritäten noch um das Geschrei allgemein umlaufender Vorurteile kümmerte. Und da ich den Gegenstand für jedermann fasslich dargestellt hatte, rechnete ich auf entsprechenden Beifall. Doch wie jämmerlich scheiterte meine Hoffnung! Ein einziger Schrei des Vorwurfs, der Missbilligung, ja des Abscheus schlug mir entgegen. Engländer, Schotten, Iren, Whigs und Tories, Kirchenmann und Staatsdiener, Freidenker und Eiferer, Patriot und Hofmann, alle vereinigten sich in der Entrüstung über einen Mann, der sich vermessen hatte, großherzig auch eine Träne über das Schicksal Karls I. und des Grafen von Strafford zu vergießen. Noch demütigender war freilich, dass das Buch, nachdem die ersten Wutausbrüche vorüber waren, in Vergessenheit zu versinken schien. Laut Mr. Millars Mitteilung wurden in einem Jahr nicht mehr als fünfundvierzig Exemplare verkauft. [...]

Ich war entmutigt. Und wäre nicht zu eben jener Zeit zwischen Frankreich und England Krieg ausgebrochen, so hätte ich mich gewiss in irgendein französisches Landstädtchen zurückgezogen, hätte meinen Namen geändert und wäre nie wieder in mein Heimatland zurückgekehrt. Da sich dieser Plan aber jetzt nicht in die Tat umsetzen ließ und der nächste Band schon beträchtlich weit fortgeschritten war, so beschloss ich, wieder Mut zu fassen und standhaft zu bleiben. [...]

1756, zwei Jahre, nachdem der erste Band durchgefallen war, erschien der zweite Band meiner *Geschichte;* er umfasste den Zeitraum vom Tode Karls I. bis zur Revolution. Dieses Werk hatte das Glück, den Whigs weniger Missvergnügen zu bereiten, und wurde besser aufgenommen. Nicht allein, dass es selbst Aufschwung nahm, es half auch noch seinem unglücklichen Bruder auf.

1759 veröffentlichte ich meine Geschichte des Hauses Tudor. Das Gezeter, das sich gegen dieses Buch erhob, stand dem gegen die Geschichte der ersten beiden Stuarts kaum nach.

Das Kapitel über die Regierungszeit Elisabeths erregte besonderen Anstoß. Doch ich war mittlerweile unempfindlich geworden und ließ mich von öffentlich geäußerten Torheiten nicht beeindrucken. In völliger Ruhe und zufrieden mit meiner Zurückgezogenheit in Edinburgh setzte ich mein Werk fort, um in zwei weiteren Bänden über die älteren Epochen die Geschichte Englands zu vollenden. 1761 gab ich die beiden Bände an die Öffentlichkeit – mit leidlichem, aber eben nur leidlichem Erfolg.
Doch ungeachtet der wechselhaften Witterung, der meine Schriften ausgesetzt waren, hatte ihr Absatz solche Fortschritte gemacht, dass die Autorenanteile, die die Buchhändler an mich abführten, bei weitem alles übertrafen, was man bis dahin in England kannte. Ich war nicht allein unabhängig, sondern wohlhabend geworden. Ich hatte mich mit dem bestimmten Vorsatz in meine schottische Heimat zurückgezogen, nie wieder meinen Fuß außer Landes zu setzen [...].

Ergänzend sei darauf hingewiesen, dass Hume zu Lebzeiten und noch lange nach seinem Tode nicht so sehr als Philosoph, sondern als Verfasser der *Geschichte Englands* berühmt war.

Hume als gefeierter Literat in Paris

1763 ging Hume als Sekretär an die englische Botschaft nach Paris. Im Kreise der Enzyklopädisten um Diderot und d'Alembert fand er begeisterte Aufnahme. Die Pariser Jahre waren die Zeit seiner größten gesellschaftlichen Anerkennung. Er selbst schildert diese Periode wie folgt: „Ich hatte nun die Fünfzig überschritten, und gedachte, den Rest meines Lebens weiterhin so nach Art eines Philosophen zuzubringen. Da erhielt ich 1763 eine Einladung des Grafen Hertford, [...] ihn auf seiner Mission nach Paris zu begleiten und bis zur Ernennung zum Botschaftssekretär, die er mir in nächste Aussicht stellte, die Funktionen dieses Amtes

wahrzunehmen. Zuerst lehnte ich das freilich verlockende Angebot ab, und zwar einerseits, weil ich zögerte, mit den Mächtigen in Verbindung zu treten, andererseits weil ich fürchtete, die Höflichkeiten und die leichtlebige Gesellschaft von Paris würden sich für einen Mann meines Alters und meiner Geistesart als unzuträglich erweisen. Doch als seine Lordschaft die Einladung wiederholte, nahm ich sie an. Ich habe allen Grund, sowohl was mein Vergnügen wie mein Vermögen angeht, mich für meine Verbindung zu diesem Edelmann wie später zu seinem Bruder, General Conway, glücklich zu schätzen.
Wer nie die befremdlichen Auswirkungen von Moden gesehen hat, wird sich nicht vorstellen können, welche Aufnahme durch Männer und Frauen jeden Standes und aller Stellungen ich in Paris erfuhr. Je mehr ich vor ihren übertriebenen Höflichkeiten zurückwich, desto reichlicher wurde ich damit überhäuft. Auf der anderen Seite bereitete es wirklich Vergnügen, in Paris und in Gesellschaft feinfühliger, gebildeter und zuvorkommender Menschen zu leben, die sich in dieser Stadt zahlreicher finden als irgend sonst auf der Welt. Ich erwog sogar einmal, mich für den Rest meines Lebens in Paris niederzulassen.

Ich wurde zum Botschaftssekretär ernannt, und als Lord Hertford im Sommer Vizekönig von Irland wurde, ließ er mich in Paris zurück. Bis [...] zur Ankunft des Herzogs von Richmond war ich Geschäftsträger. Anfang 1776 verließ ich Paris und ging im Sommer nach Edinburgh, wie ehemals in der Absicht, mich in philosophischer Zurückgezogenheit zu vergraben. [...] Aber 1767 forderte mich Mr. Conway auf, Unterstaatssekretär zu werden, und sowohl der Charakter des Mannes als auch meine Verbindung zu Lord Hertford hinderten mich, das Angebot auszuschlagen. 1769 kehrte ich nach Edinburgh zurück: sehr wohlhabend (denn ich besaß jährliche Einkünfte von 1000 Pfund), gesund und, obwohl schon ein wenig betagt, in der Aussicht, mich noch lange meiner Muße zu erfreuen und mein Ansehen wachsen zu sehen."

Gelassenheit im Angesicht des Todes

Die Phase der Muße dauerte allerdings nicht sehr lange:

> „Im Frühjahr 1775 befiel mich eine Krankheit der Eingeweide, die mich zuerst nicht beunruhigte, inzwischen aber, wie ich fürchte, unheilbar und tödlich geworden ist. Ich rechne jetzt mit einer schnellen Auflösung. Ich habe von meiner Krankheit nur wenig Schmerzen zu leiden gehabt und habe, was merkwürdiger ist, obwohl es mit mir sehr bergab geht, nicht einen Augenblick an Niedergeschlagenheit gelitten. Insofern könnte ich versucht sein, hätte ich jene Zeit meines Lebens anzugeben, die ich am ehesten noch einmal zu durchleben wünschte, auf diese letzte Spanne zu verweisen. Denn ich bin wie eh und je eifrig bei meinen Studien und in Gesellschaft heiter. Außerdem glaube ich, dass ein Mann, der mit fünfundsechzig stirbt, nur ein paar Jahre der Gebrechlichkeit abschneidet. Zwar sehe ich viele Anzeichen dafür, dass mein literarischer Ruhmesstern endlich noch glanzvoller aufgeht, doch ich wüsste zugleich, dass ich nur wenige Jahre hätte, mich daran zu freuen. Weniger ans Leben gebunden kann man schwerlich sein als ich im Augenblick."

Hume starb schließlich am 25. August 1776. Sein Leibarzt berichtet: „Dass sein Tod nahe bevorstand, wurde in der Nacht von Donnerstag auf Freitag offenbar, als sein Leiden alles Maß überstieg und ihn rasch so sehr schwächte, dass er sich nicht mehr aus dem Bett erheben konnte. Er war bis zum Ende vollkommen bei sich, hatte keine großen Schmerzen und fühlte keine Seelenqual. Nie kam auch nur der kleinste Ausdruck von Unwillen über seine Lippen. Im Gegenteil, wenn er Anlass hatte, zu den Umstehenden zu sprechen, so tat er es stets voller Liebe und Freundlichkeit. [...] Er starb in so glücklicher Geistesverfassung, dass sie durch nichts zu übertreffen gewesen wäre."
Darüber hinaus würdigte der bekannte Ökonom Adam Smith, ein persönlicher Freund des Philosophen, Humes Charakter wie folgt: „Sein Wesen war wohl, wenn ich mir diesen Ausdruck erlauben darf, glücklicher ausgewogen als bei irgendeinem anderen Menschen, den ich je gekannt habe. Auch zu Zeiten, da es um sein Vermögen recht schlecht bestellt war, hinderte ihn seine notgedrungen große Sparsamkeit nie, bei passender Gelegenheit Nächstenliebe und Freigebigkeit zu üben. [...] Die unendliche Sanftheit seines Wesens vermochte nie, die Festigkeit seines Geistes und die Beständigkeit seiner Entschlüsse zu schwächen. Der immer angenehme Umgang mit ihm war die natürliche Folge seiner freundlichen Wesensart und seiner Gutmütigkeit, in die sich Takt und Bescheidenheit mischten [...]. Und jene fröhliche Laune [...] war in seinem Fall gewiss verknüpft mit ernstester Hingabe, ausgedehntester Gelehrsamkeit, größter Gedankentiefe und einem in jeder Hinsicht umfassenden geistigen Vermögen. Im Ganzen habe ich ihn [...] als jemanden erachtet, der dem Ideal eines vollkommen weisen und tugendhaften Mannes so nahe kam, wie es das Wesen menschlicher Schwäche vielleicht erlauben wird."

War Hume ein Rassist?

In jüngster Zeit hat das Ansehens Humes jedoch Schaden genommen. Die BBC-News meldeten am 13. September 2020, dass die Universität Edinburgh einen ehemaligen „David Hume Turm" wegen rassistischer Äußerungen des Philosophen umbenannt habe. In einer Petition hatten sich mehr als 1.700 Student*innen darüber beschwert, dass Hume rassistische Beinamen verwendet habe. Die Universitätsleitungs beeilte sich hinzuzufügen: „comments on matters of race, though not uncommon at [Hume's] time, rightly cause distress today."
Konkreter und schwerwiegender sind die Vorwürfe, die Felix Waldmann in der Zeitschrift *The Scotsman* erhob. Zwar sei Hume zweifelsohne ein brillanter Philosoph, aber eben auch ein „schamloser Rassist", der direkt in den Sklavenhandel verwickelt gewesen sei („an unashamed racist, who was directly involved in the slave trade"). Eduard Kaeser versuchte in der Online-Zeitschrift *Journal21*, diesen Vorwürfen mehr Substanz zu verleihen:

> Der große Skeptiker David Hume, zeitweiliger Unterstaatssekretär im Auswärtigen Amt und dadurch mit der Kolonialpolitik wohl vertraut, schreibt zum Beispiel: ‚Ich bin geneigt zu glauben, dass die Neger und überhaupt alle sonstigen Arten von Menschen (...) von Natur aus minderwertiger als die Weißen sind. Weder gab es je ein zivilisiertes Volk noch auch nur einen im Handeln oder Denken bedeutsamen Einzelnen von anderer als weißer Hautfarbe. Unter den übrigen gibt es weder findige Fabrikanten, noch Kunstfertigkeiten, noch Wissenschaften (...). Solch einheitliche und gleichbleibende Differenz könnte nicht in so vielen Ländern und Zeitaltern vorkommen, wenn nicht die Natur einen ursprünglichen Unterschied zwischen diesen Rassen von Menschen geschaffen hätte.'

Die These der Minderwertigkeit aller nicht-weißen Rassen ist in der Tat starker Tobak, beweist allerdings nicht die Behauptung, Hume sei sogar in den Sklavenhandel involviert gewesen. Dass Hume die Sklaverei im Allgemeinen und die brutale Behandlung der „Neger" im Besonderen *gebilligt* haben sollte, erscheint aufgrund seines Charakters und seiner moralphilosophischen Überzeugungen jedenfalls wenig wahrscheinlich. Seine diskriminierende These sollte vermutlich „nur" eine Erkenntnis über die menschliche Natur ausdrücken, die Hume als empirisch gesichert ansah – dennoch ist und bleibt sie natürlich *rassistisch*.

II. Humes Theoretische Philosophie

Empirismus vs. Rationalismus

In der Geschichtsschreibung der Philosophie des 17. und 18. Jahrhunderts unterscheidet man üblicherweise die Strömungen des Englischen *Empirismus* und des (vorwiegend im französischen Sprachraum angesiedelten) *Rationalismus.* Als Hauptvertreter des Rationalismus zählen

- René Descartes (1596–1650)
- Baruch de Spinoza (1632–1677)
- Nicolas Malebranche (1638–1715)
- Gottfried Wilhelm Leibniz (1646–1716)

Als Repräsentanten des Empirismus gelten vor allem

- Thomas Hobbes (1588–1679)
- John Locke (1632–1704)
- George Berkeley (1685–1753)
- David Hume (1711–1776)

Der Grundgedanke der empiristischen Philosophie lässt sich durch die Formel beschreiben: *Alle Erkenntnis beruht auf Erfahrung.* Der Rationalismus betont demgegenüber, dass empirische Beobachtung *allein* noch kein Wissen zu garantieren vermag. Die Vernunft („ratio") spielt ebenfalls eine unverzichtbare Rolle, und zwar nicht nur bei der Aufdeckung der sog. Vernunftwahrheiten, sondern auch bei der Begründung der Gesetzmäßigkeiten der Natur. Quasi als Ikone für die Kontroverse zwischen beiden ‚Schulen' dient ein Duo dickleibiger Bücher, bestehend aus Lockes (siehe Bild rechts) Hauptwerk *An Essay Concerning Human Understanding* (dt. *Versuch über den menschlichen Verstand*) und die Replik von Leibniz (siehe Bild links), die *Nouveaux Essais sur l'Entendement Humain* (dt. *Neue Abhandlungen über den menschlichen Verstand*).

Das empiristische Moment in *Humes* philosophischem Werk besteht in dem Ziel, die Grundgesetze der „human nature" durch genaue Beobachtung in Erfahrung zu bringen, wobei unter ‚nature' nicht der *Körper*, sondern der *Geist* des Menschen zu verstehen ist. Es wird gerne kolportiert, dass der junge Hume sich quasi als ein *Newton des Geistes* betrachtete und dass der *Treatise on Human Nature* methodologisch an Newtons Hauptwerk, den *Philosophiae Naturalis Principia Mathematica* von 1687, ausgerichtet gewesen sei. Tatsächlich erklärte Hume den Nutzen seiner *Untersuchung über den menschlichen Verstand* in einer „geistigen Ortsbestimmung" oder Beschreibung der verschiedenen Teile und Kräfte des Geistes, und er hoffte, dass sie einen ähnlichen Erfolg in der Philosophie nach sich ziehen könne wie die physikalische Bestimmung der „Gesetze und Kräfte, die den Umlauf der Planeten regieren und lenken".

Zwei Arten von Philosophie

Im ersten Abschnitt der *Untersuchung über den menschlichen Verstand* erörtert Hume zwei Arten der Philosophie, die man als ‚Salonphilosophie' vs. wissenschaftliche Philosophie charakterisieren könnte. Erstere sei leicht und einleuchtend, sie erregt und lenkt unsere Gefühle und will die „Herzen für die Liebe zu Rechtschaffenheit und wahrer Ehre empfänglich machen". Letztere betrachtet den Menschen vorwiegend im Lichte eines vernünftigen Wesens und sucht nach der Grundlage der Moral, der Verstandestätigkeit und des ästhetischen Urteils, sie ist aber dem Charakter nach abstrakt und schwer verständlich.

Hume gibt zu, dass ein Teil der bislang betriebenen ‚schwierigen Philosophie' keine eigentliche *Wissenschaft* sei, sondern ein Produkt „aus den fruchtlosen Bemühungen menschlicher Eitelkeit, die in dem menschlichen Verstande völlig unzugängliche Gegenstände eindringen möchte". Zur Bekämpfung dieser „falschen Metaphysik" empfiehlt er eine Untersuchung des menschlichen Verstandes mit dem Ziel, nachzuweisen, dass dieser „[...] in keiner Weise für solche entlegenen und dunklen Aufgaben geeignet ist. Wir müssen uns dieser Mühe unterziehen, um nachher allzeit in Ruhe zu leben: Wir müssen die wahre Metaphysik sorgfältig pflegen, um die falsche und verderbliche zu zerstören [... bzw. um] jene dunkle Philosophie und das metaphysische Kauderwelsch zu stürzen".
Im Schlussabschnitt desselben Werks wird diese Kritik noch detaillierter ausgearbeitet. Hume stellt zunächst fest, dass es nur eine einzige verlässliche Methode gibt, in den Wissenschaften zu sicherer Erkenntnis zu gelangen: „Mit klaren und selbstevidenten Prinzipien zu beginnen, mit behutsamen und sicheren Schritten fortzuschreiten, häufig unsere Schlussfolgerungen zu prüfen und sorgfältig alle ihre Konsequenzen zu untersuchen – das sind [...] die einzigen Methoden, durch die wir jemals hoffen können, zur Wahrheit zu gelangen und eine angemessene Festigkeit und Gewissheit in unseren Begriffsbestimmungen zu gewinnen."
Sodann solle man sich darauf besinnen, welches überhaupt die der Wissenschaft angemessenen Gegenstände sind. In Frage kommen für Hume nur zwei Klassen. In den abstrakten oder „demonstrativen Wissenschaften" wie Arithmetik und Geometrie sind es „Größe und Zahl"; in den empirischen Wissenschaften hingegen „Tatsachen und Existenz". So schließt die Untersuchung mit der flammenden Rede:

> Wenn wir, von diesen Prinzipien überzeugt, unsere Bibliotheken durchgehen, welche Verwüstungen müssten wir dann anrichten! Nehmen wir irgendein Buch zur Hand, z.B. über Theologie und Schulmetaphysik, so lasst uns fragen: *Enthält es eine abstrakte Erörterung über Größe und Zahl? Nein. Enthält es eine auf Erfahrung beruhende Erörterung über Tatsachen und Existenz?* Nein. So übergebe man es den Flammen, denn es kann nichts als Sophisterei und Blendwerk enthalten.

Die „Perzeptionen des Geistes"

Wenn Hume von den *Perzeptionen* des Geistes spricht, so meint er damit *Inhalte des Bewusstseins*, und er untergliedert diese – je nach ihrer „Stärke und Lebendigkeit" – in zwei Klassen:

> Die schwächsten und am wenigsten lebhaften werden gemeinhin *Gedanken* („thoughts") oder *Vorstellungen* („ideas") genannt. Für die andere Art fehlt [...] ein besonderer Name [...]. Wir wollen uns deshalb erlauben, sie *Eindrücke* („impressions") zu nennen [...]. Unter der Bezeichnung *Eindruck* verstehe ich also alle unsere lebhafteren Perzeptionen, wenn wir hören, sehen, fühlen, lieben, hassen, begehren oder wollen.

Letztere Liste ist natürlich nicht vollständig, sondern enthält nur ein paar Beispiele für alle möglichen sinnlichen *Wahrnehmungen* und alle möglichen *Emotionen* (oder „Gemütsbewegungen"). Die dem gegenüber weit weniger lebhaften *Vorstellungen* entstehen nach Hume insbesondere dann, „wenn wir auf eine der oben erwähnten Wahrnehmungen oder Gemütsbewegungen reflektieren."

Das Denken des Menschen scheint unbegrenzt zu sein, doch nach Hume besteht die ganze schöpferische Kraft des Geistes nur in dem Vermögen, das durch die Sinne und Erfahrung gegebene Material „zu verbinden, zu transponieren, zu vermehren oder zu verringern." Hier formuliert Hume also eine eindeutig *empiristische* Position: *Alle Begriffe, alle Vorstellungen stammen aus der Erfahrung*:

> Der ganze Stoff des Denkens ist entweder aus der äußeren oder der inneren Sinnesempfindung („outward or inward sentiment") abgeleitet: [...] Alle unsere Vorstellungen oder schwächeren Perzeptionen sind Abbilder („copies") unserer Eindrücke oder lebhafteren Perzeptionen.

Diese These versucht Hume auf zweierlei Art zu begründen. Zum einen behauptet er, „dass wir immer finden werden, dass jede Vorstellung, die wir prüfen, einem entsprechenden Eindruck nachgebildet ist". Zum anderen weist er darauf hin, dass z. B. ein Blinder keine Vorstellung von Farben, ein Tauber keine Vorstellung von Tönen, oder auch „ein Lappe oder Neger keinen Begriff vom Geschmack des Weines" habe. Als mögliches Gegenargument betrachtet er den Fall, in dem ein Mensch, der z. B. einen gewissen Blauton in seinem Leben noch nie gesehen hat, sich diesen vielleicht dennoch *vorzustellen* vermag, wenn er auf ein Farbspektrum blickt, das an der fraglichen Stelle eine Lücke aufweist. Dieser Fall sei jedoch so vereinzelt, „dass er kaum unserer Beachtung wert ist und es nicht verdient, dass wir allein seinetwegen unseren allgemeinen Grundsatz ändern."

Empiristische Widerlegung der abstrakten Metaphysik

Mit Hilfe seines begriffsempiristischen Ansatzes will Hume die weiter oben erwähnte „falsche Metaphysik" wie folgt entlarven:

> Wenn wir den Verdacht haben, dass ein philosophischer Terminus ohne feste Bedeutung oder Vorstellung gebraucht wird (was nur zu häufig geschieht), brauchen wir nur zu fragen: Welchem Eindruck entstammt diese angebliche Vorstellung? Wenn es unmöglich ist, einen solchen anzugeben, so wird das zur Bestätigung unseres Verdachtes beitragen.

Dieses methodologische Vorgehen ist aber fragwürdig. Wenn von einer mutmaßlichen Vorstellung festgestellt wird, dass sie in keiner erkennbaren Weise auf sinnliche Erfahrung zurückgeht, so braucht man nicht unbedingt den Schluss zu ziehen, die angebliche Vorstellung sei gar keine wirkliche Vorstellung. Man könnte stattdessen auch folgern, dass Humes empiristische These einfach *falsch* ist, weil es eben doch ‚eingeborene' Vorstellungen gibt, die nicht aus der Erfahrung stammen. Insbesondere könnte man Hume vorhalten, dass er als Philosoph andauernd abstrakte Begriffe wie ‚Vorstellung' oder ‚Verstand' benutzt, die mit keinen konkreten Sinneseindrücken zu korrespondieren scheinen.

Die „Gesetze der Assoziation" von Vorstellungen

Im dritten Abschnitt der *Untersuchung über den menschlichen Verstand* stellt Hume die kühne These auf, die einzelnen Gedanken oder Vorstellungen seien im Geist „durch ein gewisses universelles Gesetz verbunden", genauer durch die Prinzipien der *Ähnlichkeit* („resemblance"), des raum-zeitlichen *Zusammenhangs* („contiguity") und der *Ursache bzw. Wirkung* („cause or effect"). *Wenn* diese Gesetze – in Analogie zu Newtons Gesetzen der Gravitation und Bewegung – wirklich *universell* gelten würden, hieße dies aber, dass das Denken des Menschen letztlich streng *determiniert* wäre. Wie wir später sehen werden, neigte Hume tatsächlich dazu, für den Bereich des menschlichen *Handelns* einen gewissen Determinismus anzunehmen. Dass aber jegliches *Denken*, inklusive des philosophischen Reflektierens, durch Gesetze determiniert sein sollte, lässt sich mit Humes Einschätzung der Bedeutsamkeit seiner eigenen schriftstellerischen Leistungen kaum vereinbaren. So hatte er auch ursprünglich im *Traktat über die menschliche Natur* nur die schwächere Behauptung aufgestellt, dass unsere Ideen nicht einfach durch *Zufall* verknüpft bzw. „vollkommen lose und zusammenhanglos nebeneinander bestehen". Er ging dort lediglich von einem „assoziierenden Faktor" aus, „[...] vermöge dessen *eine* Vorstellung [...] eine andere nach sich *ziehen kann*. Doch darf dies die Vorstellungen vereinigende Prinzip nicht als die Vorstellungen *untrennbar* verknüpfend gedacht werden [...] vielmehr dürfen wir das fragliche Prinzip nur als eine *sanfte Macht* ansehen, welche *für gewöhnlich* die Herrschaft hat."

Exkurs: Immanuel Kant (1724–1804)

In den 1783 veröffentlichten *Prolegomena zu einer jeden künftigen Metaphysik, die als Wissenschaft wird auftreten können* schreibt Kant: „[...] seit dem Entstehen der Metaphysik [...] hat sich keine Begebenheit zugetragen, die in Ansehung des Schicksals dieser Wissenschaft hätte entscheidender werden können, als der Angriff, den *David Hume* auf dieselbe machte. Er brachte [zwar] kein Licht in diese Art von Erkenntnis, aber er schlug doch einen Funken, bei welchem man wohl ein Licht hätte anzünden können, wenn er einen empfindlichen Zunder getroffen hätte, dessen Glimmen sorgfältig wäre unterhalten und vergrößert worden.

Hume ging hauptsächlich von einem einzigen, aber wichtigen Begriffe der Metaphysik, nämlich dem der *Verknüpfung der Ursache und Wirkung* [...] aus, und forderte die Vernunft [...] auf, ihm Rede und Antwort zu geben, mit welchem Rechte sie sich denkt: dass etwas so beschaffen sein könne, dass, wenn es gesetzt ist, dadurch auch etwas anderes notwendig gesetzt werden müsse; denn das sagt der Begriff der Ursache. Er bewies unwidersprechlich: dass es der Vernunft gänzlich unmöglich sei, a priori [...] eine solche Verbindung zu denken, denn diese enthält Notwendigkeit; es ist aber gar nicht abzusehen, wie darum, weil etwas ist, etwas anderes notwendigerweise auch sein müsse [...].

Ich gestehe frei: die Erinnerung des *David Hume* war eben dasjenige, was mir vor vielen Jahren den dogmatischen Schlummer unterbrach, und meinen Untersuchungen im Felde der spekulativen Philosophie eine ganz andere Richtung gab. Ich war weit entfernt, ihm in Ansehung seiner Folgerungen Gehör zu geben [...]. Wenn man von einem gegründeten, obzwar nicht ausgeführten Gedanken anfängt, den uns ein anderer hinterlassen, so kann man wohl hoffen, es bei fortgesetztem Nachdenken weiter zu bringen, als der scharfsinnige Mann kam, dem man den ersten Funken des Lichts zu verdanken hatte."

Das Problem der Induktion

Die erkenntniskritischen Überlegungen, die Kant aus seinem „dogmatischen Schlummer" weckten, finden sich z. B. im vierten Abschnitt der *Untersuchung über den menschlichen Verstand*. Hume unterteilt zunächst alle Gegenstände menschlichen Denkens und Forschens in *analytische*, d. h. logisch-mathematische Sachverhalte („relations of ideas") einerseits, und *empirische* Tatsachen („matters of fact") andererseits. Die Wahrheiten des ersteren Bereichs sind für immer evident und gewiss, die des letzteren hingegen nicht, denn „das Gegenteil jeder Tatsache ist immer möglich, da es niemals einen Widerspruch enthält".
Das Hauptziel des Abschnitts „Skeptische Zweifel an der Verstandestätigkeit" besteht nun darin, „das Wesen jener Evidenz zu untersuchen, die uns [...] jeder Tatsache versichert, die über das gegenwärtige Zeugnis der Sinne oder die Angaben des Gedächtnisses hinausgeht". Hume setzt voraus, dass alle einschlägigen Vernunfterwägungen auf der Beziehung von *Ursache und Wirkung* beruhen: „Einzig mittels dieser Beziehung können wir über die Evidenz unseres Gedächtnisses und unserer Sinne hinausgehen." Doch wie gelangen Menschen zur Erkenntnis von Ursache und Wirkung?

Hume begründet die in der Abbildung präsentierte These damit, dass ohne jede Erfahrung, sozusagen beim ersten Anblick eines Ereignisses *A*, niemand in der Lage sei, ein durch *A* verursachtes Ereignis *B* vorherzusagen. Es besteht kein *notwendiger* Zusammenhang zwischen *A* und *B*, denn man kann sich stets *widerspruchsfrei vorstellen*, dass auf *A* statt *B* das Gegenteil Nicht-*B* folgt. Man könne sich z. B. durchaus vorstellen, dass „ein Körper, der aus den Wolken herabfällt und in jeder anderen Hinsicht dem Schnee gleicht, dennoch den Geschmack des Salzes hat oder wie Feuer empfunden wird".

Da also die *Erfahrung* Grundlage all unserer Schlussfolgerungen ist, die sich mit der Beziehung von Ursache und Wirkung befassen, stellt sich für Hume die weitere Frage, auf welcher *logischen Grundlage* solche Schlüsse beruhen. Seine Antwort fällt negativ aus: Schlüsse aus der Erfahrung gelten *nicht* mit *Notwendigkeit;* sie sind *nicht* im Denken oder in einer anderen Verstandestätigkeit begründet. Hume bestreitet nicht, dass Menschen daraus, dass in der Vergangenheit auf ein Ereignis *A* stets ein Ereignis der Art *B* folgte, mit quasi *psychologischer* Notwendigkeit schließen, dass auch in Zukunft auf *A* immer *B* folgen wird. Doch ein solcher Erfahrungsschluss erfolgt nicht durch eine Kette von *logisch zwingenden* Denkakten. Es bedürfte eines „Mittelgliedes, das den Geist in die Lage versetzt, eine solche Ableitung auszuführen [...]. Was dieses Mittelglied ist, übersteigt [... jedoch] meine Einsicht". Ein induktiver Schluss ist niemals *logisch gültig*, denn es liegt kein Widerspruch darin, dass sich der Lauf der Natur ändert.
Induktive Schlüsse können auch nicht *durch Erfahrung* als gültig erwiesen werden, denn das wäre zirkulär. „Mag der Gang der Dinge bislang auch noch so regelmäßig gewesen sein, so kann das allein [...] nicht beweisen, dass es auch in Zukunft so bleiben werde." Zwar schließen wir alle, schon als Kinder, induktiv. Wir lernen aus der Erfahrung und können im alltäglichen Leben nur handeln, wenn wir davon ausgehen, dass die Zukunft der Vergangenheit ähneln wird. Trotzdem muss zugestanden werden, „dass uns nicht die *Vernunft* zur Annahme der Ähnlichkeit von Vergangenheit und Zukunft veranlasst und zur Erwartung gleichartiger Wirkungen aus – dem Anschein nach – gleichartigen Ursachen. Das ist der Satz, den ich in diesem Abschnitt nachdrücklich zur Geltung bringen wollte."

Gewohnheit

Im fünften Abschnitt der gleichen *Untersuchung* folgt die „skeptische Lösung" der zuvor entwickelten Zweifel. Das einzige Prinzip, das uns dazu veranlasst, induktiv zu schließen, ist die *Gewohnheit* („custom") resp. *herkömmliche Lebenspraxis* („habit"): *Alle Erfahrungsschlüsse sind Folgen der Gewohnheit, nicht der Vernunft.*

> Nachdem man gefunden hat, dass in vielen Fällen zwei Arten von Gegenständen – Feuer und Hitze, Schnee und Kälte – immer in Zusammenhang standen, wird der Geist, wenn Feuer oder Schnee sich erneut den Sinnen darbieten, *aus Gewohnheit* dazu gebracht, Hitze oder Kälte zu erwarten [...]. Dieser Glaube ist das notwendige Resultat, wenn man den Geist in eine solche Lage bringt. Es ist ein seelischer Vorgang, der in dieser Lage ebenso unvermeidlich ist wie das Gefühl der Liebe, wenn wir Wohltaten empfangen, oder des Hasses, wenn uns Unrecht widerfährt.

Hume erblickt eine Art „prästabilierter Harmonie" zwischen dem Naturablauf und der Abfolge unserer Vorstellungen bzw. Erwartungen:

> [...] und wenngleich die Mächte und Kräfte, von denen ersterer regiert wird, uns gänzlich unbekannt sind, so haben doch unsere Gedanken und Vorstellungen [...] dieselbe Bahn genommen wie die anderen Werke der Natur. *Gewohnheit* ist das Prinzip, das diese Übereinstimmung bewirkt hat; sie, die so notwendig ist zur Erhaltung unserer Art und der Regelung unseres Verhaltens.

Dass unser gewohnheitsmäßiges Schließen aus der Erfahrung *überlebensnotwendig* ist, betont Hume, wenn er davon spricht, dass die „Weisheit der Natur" (nicht, wie andere Philosophen behaupten würden, die Weisheit Gottes) den Menschen mit einem entsprechenden *Instinkt* ausgestattet habe:

> Wie uns die Natur den Gebrauch unserer Glieder gelehrt hat, ohne uns von den Muskeln und Nerven, wodurch sie bewegt werden, Kenntnis zu geben, so hat sie uns einen Instinkt eingepflanzt, der unser Denken in eine Richtung führt, die dem Ablauf der zwischen den Dingen der Außenwelt waltenden Verhältnisse entspricht.

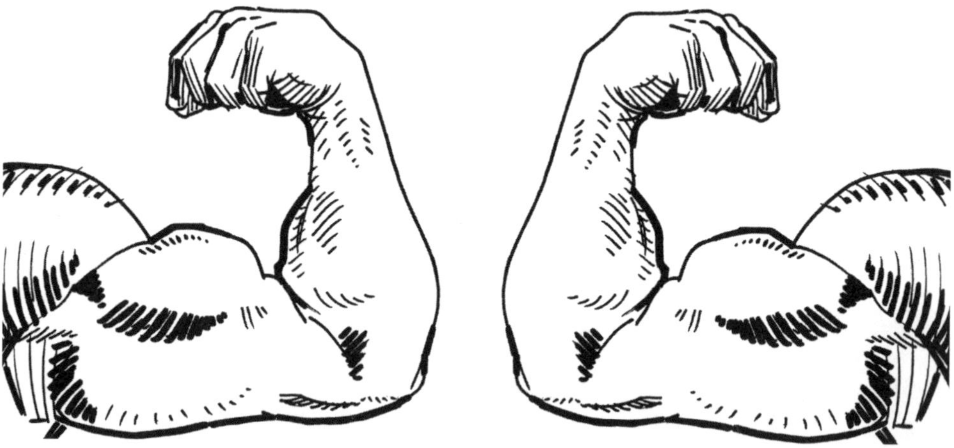

Der Begriff der Kraft

Ausgehend von seiner Kritik am Begriff der *notwendigen Verknüpfung* versucht Hume im siebten Abschnitt der *Untersuchung über den menschlichen Verstand*, auch den Begriff der *Kraft* als sinnlos zu erweisen. Nach dem zuvor erklärten empiristischen Prinzip begnügt er sich damit, zu zeigen, dass es keine erfahrbaren *Eindrücke* gibt, auf die die Idee der Kraft zurückgeführt werden könne. Innerhalb des Bereichs der *Außendinge* sei zunächst keine *Wirkkraft* zu entdecken, mit der ein *A* auf ein *B* einwirkt; beobachten könne man immer nur das zeitliche *Aufeinanderfolgen* von *A* und *B*. Ferner gelangen wir auch im Bereich der Einwirkung eines geistigen Ereignisses, z. B. eines Willensaktes, auf ein Ereignis in der Außenwelt nicht zu einer klaren Vorstellung von Kraft, denn:

> Gibt es in der ganzen Natur ein geheimnisvolleres Prinzip als die Verbindung von Seele und Körper, durch welche eine vorausgesetzte geistige Substanz solchen Einfluss auf eine körperhafte erlangt, dass der feinste Gedanke die gröbste Materie zu bewegen vermag? [...] Erfassten wir aber durch unser Bewusstsein eine Kraft oder Energie in unserem Willen, so müssten wir diese Kraft kennen, wir müssten ihren Zusammenhang mit der Wirkung kennen, wir müssten die verborgene Verbindung von Seele und Körper kennen.

Exkurs: Positionen zum „Leib-Seele-Problem“

Das sog. Leib-Seele-Problem lässt sich am einfachsten als die Frage beschreiben, welche logischen bzw. kausalen Verhältnisse zwischen den *körperlichen* (oder physischen) Zuständen und Vorgängen eines Lebewesens auf der einen und seinen *geistigen* (oder psychischen) Zuständen und Vorgängen auf der anderen Seite bestehen. Diesbezüglich können folgende Positionen eingenommen werden:

1. Der *Materialismus* basiert auf der Annahme, dass es „nur Materielles gibt“, d. h. dass alles Geistige sich auf Physisches reduzieren lässt.
2. Dem *Idealismus* liegt konträr hierzu die Auffassung zugrunde, dass es „nur Geistiges gibt“, d. h. dass alles Physische sich auf Geistiges reduzieren lässt.
3. Im Gegensatz zu diesen *monistischen* Auffassungen gründet der *Dualismus* darauf, dass Körperliches und Geistiges verschiedenartige Bereiche der Realität darstellen.

3.1. Ein *Eigenschaftsdualismus* geht von einem einheitlichen Seinsbereich aus und behauptet, dass einige ‚Dinge‘ sowohl physische als auch psychische Eigenschaften besitzen.

3.2. Ein *Substanzendualismus* hingegen postuliert, dass es zwei verschiedene Arten von ‚Dingen‘ gibt.

3.2.1. Eine Variante des Substanzendualismus hält kausale Beziehungen zwischen beiden Bereichen für möglich – man spricht dann von einem *psychophysischen Interaktionismus*.

3.2.2. Die entgegengesetzte Position bezeichnet man als *psychophysischen Parallelismus*.

3.2.2.1. Die spezielle Ausprägung des *Okkasionalismus* behauptet, dass Gott bei jeder einzelnen Gelegenheit („occasion“) dafür sorgt, dass die psychischen und physischen Vorgänge miteinander übereinstimmen.

3.2.2.2. Alternativ besagt die These einer *‚prästabilierten Harmonie‘*, dass Gott bereits bei der Schöpfung dafür sorgte, dass die psychischen und physischen Vorgänge für alle Zeiten quasi synchron miteinander verlaufen.

Exkurs: Descartes' „Lösung" des Leib-Seele-Problems

Die Rationalisten des 17. Jahrhunderts neigten in der Regel zu einer dualistischen Position. Descartes vertrat die Position 3.2.1, indem er annahm, dass in einem kleinen Areal des Gehirns, der sog. Zirbeldrüse, der unkörperliche Geist körperliche Wirkungen hervorrufen könne. Die Nerven bestehen für Descartes aus biegsamen Röhrchen, durch die sich die Lebensgeister (*„spiritus animales"*) bewegen. In dem Buch *Gehirn, Ich, Freiheit* beschreibt Ansgar Beckermann den mutmaßlichen Mechanismus wie folgt:

> Die Zirbeldrüse bildet für [Descartes] das Zentrum all dieser Bewegungen. Wahrnehmungen entstehen dadurch, dass die von den Sinnesorganen kommenden Nerven auf der Zirbeldrüse ein ‚Abbild' der wahrgenommenen Dinge erzeugen, das seinerseits in der Seele einen entsprechenden Wahrnehmungseindruck hervorruft; willentliche Handlungen [entstehen] dadurch, dass die Seele die Zirbeldrüse so dreht, dass die *spiritus animales* sich geradewegs in die Nerven bewegen, die zu den entsprechenden Muskeln führen. Der ‚Kraftaufwand' der Seele bei der Hervorbringung willentlicher Handlungen ist dabei Descartes zufolge minimal, da sich die äußerst beweglich aufgehängte Zirbeldrüse sehr leicht in die verschiedensten Richtungen drehen lässt.

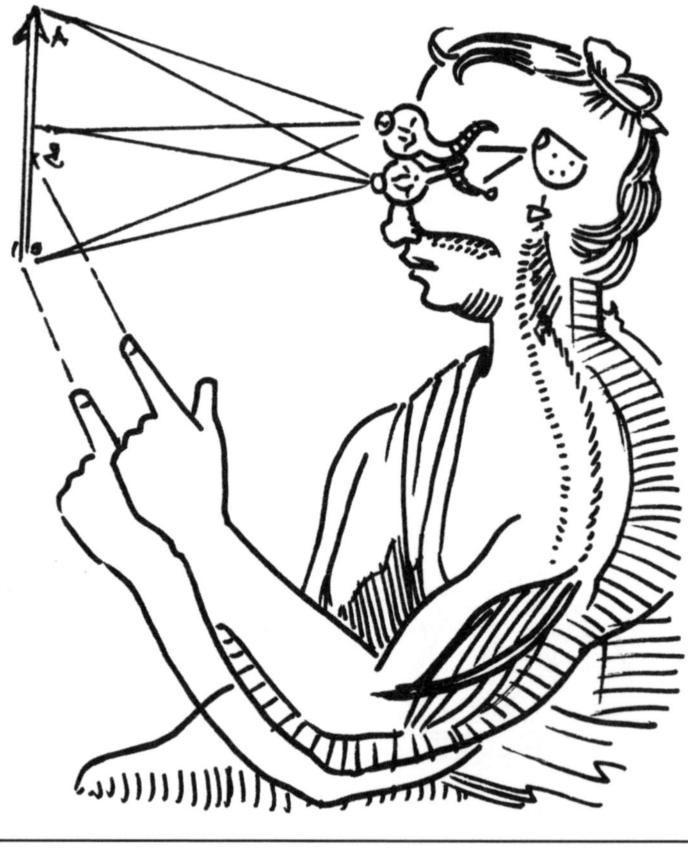

Descartes' Skizze des Zusammenwirkens von Nerven, Muskeln und Zirbeldrüse

Die Kraft des Willens

Humes Überlegungen zum Leib-Seele-Problem konzentrieren sich primär auf die Frage, wie ein rein geistiger Willensakt überhaupt *irgendetwas bewirken* kann. Er hält es für eine allgemeine Erfahrungstatsache, dass z. B. eine „animalische Bewegung" bzw. der Gebrauch unserer Glieder dem Befehl des Willens gehorcht; „doch die Kraft oder Energie, wodurch dies bewirkt wird, ist [...] unbekannt und unbegreiflich." Deshalb gedenkt er den Einfluss des Wollens näher zu analysieren. Er weist zunächst darauf hin, dass wir nicht alle Organe „mit gleicher Autorität" zu bewegen vermögen und fragt rhetorisch: „Warum hat der Wille einen Einfluss auf Zunge und Finger, nicht jedoch auf Herz oder Leber?" Damit will er die These begründen, dass wir die entsprechende Kraft (des Willens) nicht kennen – bzw. dass überhaupt der *Begriff* der Kraft empirisch unfundiert ist.

Dazu betrachtet Hume ein weiteres Beispiel: Ein Mensch, dessen Arm von einer plötzlichen Lähmung befallen wird, bemüht sich anfangs vergeblich, den Arm zu bewegen. Dies interpretiert Hume so, dass der Mensch sich seiner „Befehlsgewalt über das Gliedmaß *ebenso bewusst*" (!) sei wie ein „völlig gesunder Mensch sich der Kraft bewusst ist", seine gesunde Extremität zu bewegen. Diese Analogie ist ziemlich verwirrend. Normalerweise würde man den Unterschied zwischen dem Gelähmten und dem Gesunden epistemisch so beschreiben, dass der Gelähmte *weiß*, dass sein Arm sich *nicht* bewegt, obwohl er ihn bewegen möchte, während der Gesunde *weiß*, dass sein Arm sich *bewegen wird*, wann immer er ihn bewegen will. Der jeweilige Wille ist also in beiden Fällen gleich, nicht aber dessen Wirkung. Da das jeweilige Bewusstsein sich angeblich nie täuscht, zieht Hume hieraus den Schluss, dass man sich weder in dem einen noch in dem anderen Fall *einer Kraft bewusst* sei.

Des Weiteren geht Hume kurz auf anatomische Details ein und behauptet, bei einer willentlichen Bewegung würde nicht das Glied selbst bewegt, „sondern bestimmte Muskeln, Nerven und Lebensgeister und möglicherweise noch Winzigeres und Unbekannteres". Damit begründet er zusätzlich, dass die hinter solchen Bewegungen verborgene *Kraft* „äußerst geheimnisvoll und unbegreiflich" ist.

Zur Abrundung des Themas betrachtet Hume Vorgänge, bei denen der Wille sich nicht auf körperliche, sondern auf *geistige Tätigkeiten* erstreckt. Nach üblicher Auffassung können wir durch einen Akt des Willens z. B. „eine neue Vorstellung entstehen lassen" oder diese „einer anderen Vorstellung zuliebe entlassen". (Eine solche Auffassung erscheint freilich mit dem oben erwähnten Gesetz der Assoziation von Ideen weitgehend unverträglich!) Hume betont, dass der dem fraglichen Phänomen zugrundeliegende Mechanismus völlig unbekannt sei. Kein Philosoph sollte sich anmaßen zu glauben, „mit dem Wesen der menschlichen Seele und dem Wesen der Vorstellung oder mit der Fähigkeit der einen, die andere hervorzubringen, vertraut zu sein". Hume hält diese Fähigkeit für absolut *mysteriös*, quasi für eine „Erschaffung aus dem Nichts".

Im Übrigen weist Hume darauf hin, dass die Macht des Geistes *über sich selbst* ebenso beschränkt ist wie die Macht über den *Körper*. Speziell sei die Herrschaft über unsere *Gefühle und Leidenschaften* weit weniger ausgeprägt als die über unsere *Vorstellungen*. Und auch die Fähigkeit der *Selbstbeherrschung* sei sehr schwankend: „Ein gesunder Mensch besitzt mehr davon als ein durch Krankheit geschwächter. Wir sind am Morgen mehr Herr unserer Gedanken als am Abend, nüchtern mehr als nach einem ausgiebigen Mahl." Kurz und gut: Das Wollen ist zwar ein Geistesakt, mit dem wir hinreichend vertraut sind; aber sein „Mechanismus" bleibt allemal unbegreiflich.

Humes Position zum Leib-Seele-Problem

Hume bietet keine eigenständige Lösung des Leib-Seele-Problems, sondern kritisiert lediglich einschlägige Überlegungen anderer Philosophen. Ohne konkrete Namen zu nennen, erwähnt er z. B. im ersten Teil des siebten Abschnitts der *Untersuchung über den menschlichen Verstand*, dass „Philosophen, die in ihren Untersuchungen weiter vordringen", mit seiner eigenen Ansicht übereinstimmen, dass „[… so] wie wir völlig unwissend über die Kraft sind, von welcher die Wechselwirkung der Körper abhängt, wir nicht minder unwissend sind über jene Kraft, von welcher die Einwirkung des Geistes auf den Leib oder des Leibes auf den Geist abhängt".

Anschließend mokiert er sich aber über deren Lösungsversuch, *Gott* als „unmittelbare Ursache der Verbindung von Seele und Leib" zu postulieren. Konkreter glaubt z. B. ein Okkasionalist wie Malebranche, dass Wahrnehmungen nicht durch Einwirkung von äußeren Dingen auf unsere Sinnesorgane bewirkt werden, sondern dass jeweils „ein besonderer Willensakt unseres allmächtigen Schöpfers" die einzelne Wahrnehmung hervorrufe. Einer anderen, insbesondere von Leibniz vertretenen Theorie zufolge muss Gott nicht in jedem Einzelfall in das psychophysische Wechselspiel eingreifen, sondern sorgt bei der Schöpfung der Welt ein und für allemal dafür, dass die psychischen und physischen Vorgänge in ‚prästabilierter Harmonie' verlaufen. Hume gibt bereitwillig zu, dass letztere Hypothese etwas plausibler sei als erstere: „Es zeugt von größerer Weisheit, zunächst das Weltgebäude mit solcher vollkommenen Vorhersicht zu entwerfen, dass es von selbst und durch eigene Wirksamkeit [... funktioniert], als dass der große Schöpfer sich jeden Augenblick genötigt sähe, die Teile zu ordnen und durch seinen Odem alle Räder jener riesigen Maschine zu beleben." Dennoch lehnt er beide Theorien als unbegründet und unwahrscheinlich ab. Sein Hauptargument lautet, dass der Rekurs auf Gott überhaupt nichts *erklären* würde:

Sinnliche Wahrnehmung

Das Thema der sinnlichen Wahrnehmung hat die Philosophie immer schon intensiv beschäftigt. Im Mittelpunkt der Überlegungen der Rationalisten und Empiristen des 17. und 18. Jahrhunderts standen zwei Fragen:

- Wie kommen die ‚Bilder' bzw. ‚Vorstellungen' der Außenwelt überhaupt in unser Inneres?
- Sind die subjektiven Vorstellungen verlässliche, d. h. wirklichkeitsgetreue Abbilder der objektiven Außenwelt?

Im Folgenden skizzieren wir drei Theorien, die für das Verständnis von Humes Kritik grundlegend sind.

Exkurs: Berkeleys *'Idealismus'*

Der Philosoph und Theologe George Berkeley vertritt mit dem Slogan *„Esse est percipi"* eine sehr extreme Position. Für ihn gibt es keine (materielle) Außenwelt: Das „Sein" ('esse') eines Dings besteht einzig in seinem Wahrgenommenwerden ('percipi'). Berkeley verteidigte diese „gegen Skeptiker und Atheisten" gerichtete These hauptsächlich in drei Werken. 1709 erschien der *Versuch einer neuen Theorie der Gesichtswahrnehmung*; 1710 folgte die *Abhandlung über die Prinzipien der menschlichen Erkenntnis*, die 1713 in die populärwissenschaftlichen *Drei Dialoge zwischen Hylas und Philonous* umgearbeitet wurden. Die Bezeichnung einer erkenntnistheoretischen Position als 'Idealismus' hat übrigens nichts mit sozialem Engagement oder Altruismus zu tun, sondern rührt daher, dass die vorrangige Existenz von geistigen Vorstellungen („ideas") gegenüber materiellen Dingen behauptet wird.
Berkeleys anti-materialistische Konzeption beruht auf folgender *Definition* sinnlich wahrnehmbarer Dinge:

Zusammen mit der These, dass durch unsere Sinne nur sinnlich wahrnehmbare *Eigenschaften* („sensible qualities") wie Farben, Gestalten, Töne, Gerüche etc. unmittelbar wahrgenommen werden, folgt für Berkeley im nächsten Schritt, dass die Dinge selbst nichts anderes sind als Bündel solcher Eigenschaften. Also existieren die „sensible things" nur im Geiste! Gegen Abschluss des Ersten Dialogs geht Berkeley auf die (von anderen Philosophen vorgeschlagene) Unterscheidung zwischen *zwei Arten von Gegenständen* ein: Neben den unmittelbar wahrgenommenen Objekten bzw. Vorstellungen postulieren diese Philosophen die 'wahren' äußeren Dinge, die lediglich „durch Vermittlung der Vorstellungen" wahrgenommen werden. Die ersteren werden dabei als *Bilder* oder *Repräsentationen* der letzteren aufgefasst. Berkeley erblickt jedoch ein Problem dieser *Repräsentationstheorie* darin, dass die „mittelbar wahrgenommenen" Dinge eigentlich sinnlich *unerfahrbar* bleiben. Deshalb kann niemals entschieden werden, ob die Ideen ihnen in irgendeiner Hinsicht gleichen und ob sie somit verlässliche 'Abbilder' sind oder nicht.

Exkurs: Lockes Konzeption der „primären und sekundären Qualitäten"

Im II. Buch des *Versuchs über den menschlichen Verstand* entwickelt Locke seine Lehre von den *Vorstellungen* („ideas"), wobei er – ähnlich wie Hume – unter einer *Idee* alles versteht, womit sich der menschliche Geist überhaupt beschäftigen kann. Die erste Ideenquelle ist die sinnliche Wahrnehmung („sensation"), die zweite die „reflexion", d. h. der Akt des Nachdenkens oder Betrachtens.

Die der sinnlichen Wahrnehmung entstammenden Ideen sind keine genauen Ebenbilder der äußeren Dinge, sondern werden von diesen durch gewisse *Kräfte* erzeugt, die Locke als *Qualitäten* („qualities") bezeichnet, z. B. die Kraft, die ein Schneeball besitzt, „in uns die Ideen von weiß, kalt und rund zu erzeugen". Genauer unterscheidet Locke zwei grundsätzlich verschiedene Arten von Qualitäten: *Erstens* solche, die vom Körper „untrennbar" sind, die der Körper also bei allen möglichen Veränderungen und Verwandlungen behält. Als Beispiele solcher *primärer* Qualitäten erwähnt Locke Festigkeit, Ausdehnung, Gestalt und Beweglichkeit. *Zweitens* gibt es Qualitäten, die in den Objekten nichts sind als die Kräfte, „[...] vermittels ihrer primären Qualitäten, d. h. der Größe, Gestalt, Beschaffenheit und Bewegung ihrer sinnlich nicht wahrnehmbaren Teilchen, verschiedenartige Sinnesempfindungen in uns zu erzeugen, wie zum Beispiel Farben, Töne, Geschmacksarten usw. Diese nenne ich *sekundäre Qualitäten*". Die These, dass nur die primären Qualitäten wahre Abbilder der äußeren Dinge sind, während die sekundären mit den Körpern keine Ähnlichkeit aufweisen, versucht Locke wie folgt zu begründen:

> Die Flamme bezeichnen wir als heiß und hell, den Schnee als weiß und kalt [...] und zwar auf Grund der Ideen, die sie in uns erzeugen. Gewöhnlich meint man dabei, diese Qualitäten seien in den Körpern dasselbe, was jene Ideen in uns sind [...]. Zieht man jedoch in Betracht, dass dasselbe Feuer, das in einer gewissen Entfernung die Sinnesempfindung der Wärme in uns erzeugt, in einer näheren Entfernung die ganz anders geartete Sinnesempfindung des Schmerzes erzeugt, dann wird man bedenken müssen, mit welchem Recht man sagen kann, die durch das Feuer in uns erzeugte Idee der Wärme sei *tatsächlich im Feuer vorhanden*, unsere Idee des Schmerzes [...] sei es dagegen *nicht*.

Exkurs: Descartes' Skeptizismus:

In den 1641 veröffentlichten *Meditationen über die Grundlagen der Philosophie* entwickelte Descartes eine Reihe von Argumenten, mit denen er zu zeigen versuchte, dass nur die Reflexion auf die eigenen geistigen Zustände zu absolut sicheren Erkenntnissen führt. Dabei stieß er auf die unumstößliche Wahrheit des „Cogito, ergo sum":

Mittels des Traum-Arguments und des Arguments der Sinnestäuschung begründet Descartes, dass sinnliche Wahrnehmung keine sichere Erkenntnis der Außenwelt garantieren kann. Nicht einmal die *Existenz* der (scheinbar) wahrgenommenen Dinge stünde außer Zweifel.

Um solche Zweifel aus dem Wege zu räumen, macht Descartes einen großen *Umweg*. Er ‚beweist' erstens die notwendige Existenz eines allmächtigen, allwissenden und allgütigen Gottes. Zweitens folgert er, dass dieser (wegen seiner Allgüte) kein „betrügerischer Gott" sein kann. Drittens nimmt er an, dass „Gott den Menschen die Vorstellung einpflanzt", Sinnesempfindungen rührten von äußeren Körpern her. Also ergibt sich viertens, „dass körperliche Dinge wahrhaft existieren".

Humes Kritik

In Abschnitt 12 der *Untersuchung über den menschlichen Verstand* behauptet Hume zunächst, dass die „abgedroschenen Beispiele" der Skeptiker lediglich zeigen, dass man sich auf die Sinne *allein* nicht unbedingt verlassen darf. Um von den Sinneseindrücken korrekt auf die Realität schließen zu können, müsse man vielmehr auch seinen Verstand einsetzen und z. B. bei visueller Wahrnehmung die „Natur des Mediums", die Entfernung des Gegenstandes und die Verfassung der Sinnesorgane in Betracht ziehen.

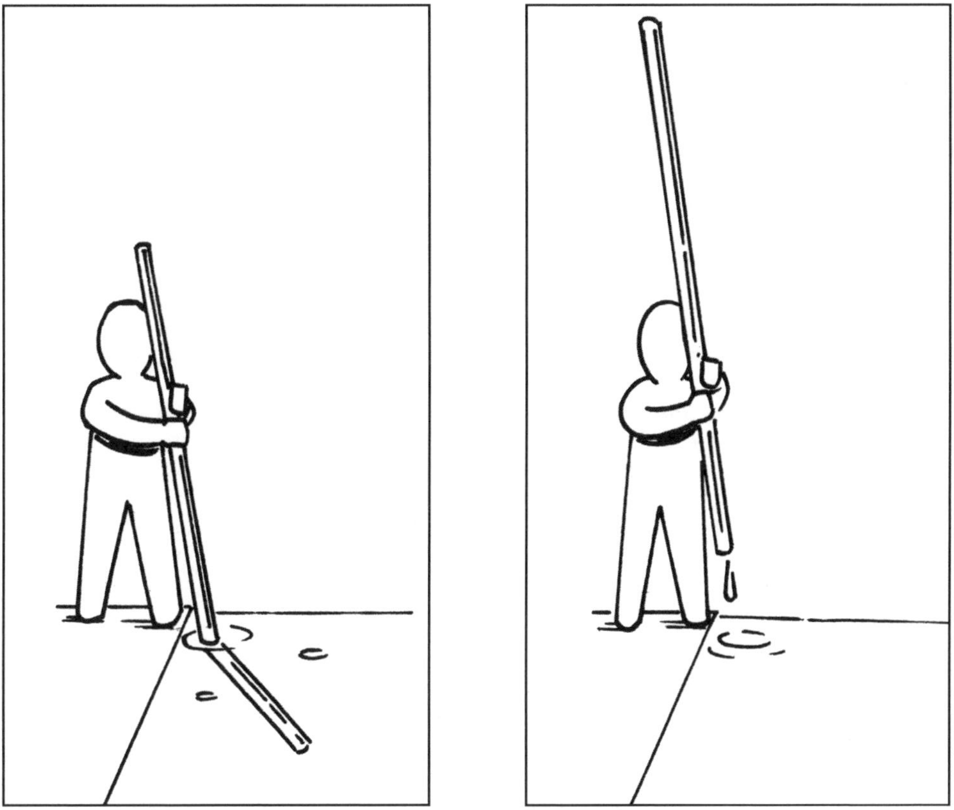

Gegen den Cartesianischen Versuch, die Verlässlichkeit der Wahrnehmung (und insbesondere die Existenz von äußeren Dingen) durch Rekurs auf einen allgütigen Gott sicherzustellen, wendet Hume ein, dass die fragliche Überlegung doch eigentlich eine *absolute Unfehlbarkeit* des Menschen nach sich ziehen müsse. Außerdem moniert er mit leichter Ironie, dass „wenn die Außenwelt einmal in Frage steht, wir in Verlegenheit geraten werden, Argumente zum Beweise der Existenz jenes Wesens [...] zu finden". Denn wer einen Schöpfergott als Erklärung für das Universum bemüht, der setzt ja zuallererst die Existenz des Universums voraus. Im Übrigen weist Hume darauf hin, dass ein radikaler Zweifel à la Descartes unerreichbar bzw. „unheilbar" sei, „und kein Denken könnte uns jemals in einen Zustand der Gewissheit und Überzeugung von irgendeiner Sache bringen".

Lockes Theorie fasst Hume dahingehend zusammen, dass alle Sinnesqualitäten der Gegenstände „bloß sekundär und nicht in den Gegenständen selbst sind". Ähnlich wie Berkeley meint er aber, dass Entsprechendes auch für die sogenannten primären Qualitäten gelten müsse und man somit in das Dilemma gerät: „Beraubt man aber die Materie ihrer gesamten erfassbaren Qualitäten [...], dann vernichtet man sie gewissermaßen und lässt nur ein gewisses unbekanntes, unerklärliches Etwas als Ursache unserer Perzeptionen übrig".
Bezüglich der (Erkennbarkeit der) Existenz von „äußeren Dingen" wendet Hume sich gegen den von Berkeley vertretenen *Idealismus* und verteidigt eine Art von *Realismus*:

> Es scheint offenkundig, dass die Menschen durch einen natürlichen Instinkt [...] zum Vertrauen in ihre Sinne gebracht werden und dass wir [...] immer eine Außenwelt annehmen, die nicht von unserer Perzeption abhängt, sondern auch existieren würde, wenn wir und jedes andere vernünftige Geschöpf nicht vorhanden oder vernichtet wären. Selbst die Tiere lassen sich durch die gleiche Annahme leiten und bewahren ihren Glauben an äußere Dinge in allen ihren Gedanken, Absichten und Handlungen.

Diesem „blinden und mächtigen Naturinstinkt" widerspricht jedoch die *Philosophie*, „[...] die uns lehrt, dass nichts außer einem Bilde oder einer Perzeption jemals dem Geiste gegeben sein kann und dass die Sinne nur die Einlasspforten sind, durch welche diese Bilder uns zugeführt werden, ohne eine unmittelbare Verbindung zwischen dem Geiste und dem Gegenstande herstellen zu können. Der Tisch, den wir sehen, scheint kleiner zu werden, wenn wir uns weiter von ihm entfernen; aber der wirkliche Tisch, der unabhängig von uns existiert, erleidet keine Veränderung: Es war somit nur sein Bild, das dem Geist gegenwärtig war."
Diese Konzeption ist für Hume jedoch mit großen Schwierigkeiten behaftet, denn es lässt sich offenbar auf keine Art beweisen, „dass die Perzeptionen des Bewusstseins durch von ihnen völlig *verschiedene*, obgleich ihnen *ähnliche* äußere Dinge" verursacht sind. Diese Frage könnte, wenn überhaupt, nur durch *Erfahrung* beantwortet werden. „Hier aber schweigt die Erfahrung und muss sie völlig schweigen. Dem Bewusstsein ist niemals etwas gegenwärtig als Perzeptionen, und es kann unmöglich irgendeine Erfahrung ihrer Verknüpfung mit Gegenständen erlangen."

Humes Auffassung der Seele

In Abschnitt 6 des IV. Teils des *Traktats* erörtert Hume seine Auffassung der ‚Seele', des ‚Ich' bzw. des ‚Selbst' eines Menschen. Er behauptet, dass wir keine (klare) *Vorstellung* vom ‚Ich' besitzen, weil es keine diesbezüglichen Eindrücke gibt: Unser ‚Ich' ist kein konkreter Eindruck, sondern nur ein Konstrukt, „worauf unsere verschiedenen *Eindrücke* und Vorstellungen sich beziehen". Der Geist oder die Seele eines Menschen konstituiert sich alleine aus seinen *Perzeptionen*:

> Der Geist ist eine Art Theater, auf dem verschiedene Perzeptionen nacheinander auftreten, kommen und gehen, und sich in unendlicher Mannigfaltigkeit der Stellungen und Arten der Anordnung untereinander mengen. [...] Der Vergleich mit dem Theater darf uns freilich nicht irre führen. Die einander folgenden Perzeptionen sind allein das, was den Geist ausmacht, während wir ganz und gar nichts von einem Schauplatz wissen, auf dem sich jene Szenen abspielen, oder von einem Material, aus dem dieser Schauplatz gezimmert wäre.

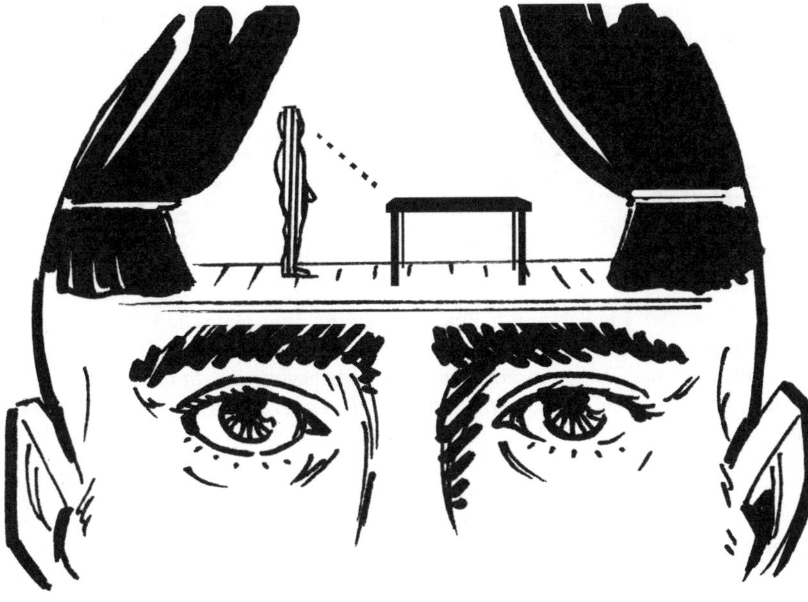

Humes Auffassung des Geistes als eines *Theaters* ähnelt in gewisser Weise der Leibnizschen Konzeption der *Monaden*, in deren Innerem ebenfalls ein ‚Film' aufeinander folgender Perzeptionen abläuft. Doch während das Geschehen innerhalb einer Monade völlig autonom, d. h. unbeeinflusst von äußeren Ereignissen erfolgt (laut Leibniz „haben Monaden keine Fenster"), kann das Geschehen auf einer Theaterbühne à la Hume durchaus von außen beeinflusst werden. Die Sinnesorgane *verursachen* Eindrücke im Geist, auch wenn der dahinter liegende Mechanismus laut Humes Eingeständnis völlig unverständlich bleiben muss!
Sodann versucht Hume, Kriterien für die *Identität* von Gegenständen, Pflanzen und Lebewesen zu ermitteln. Mit Blick auf das bereits in der Antike diskutierte Problem des ‚Schiff des Theseus' führt er aus, dass bei einem unbelebten Gegenstand allein die *Funktion* die Identität bestimmt:

> Ein Schiff, das durch wiederholte Reparaturen größtenteils ein anderes geworden ist, wird immer noch als das gleiche Schiff betrachtet; auch die Verschiedenheit der Materialien hindert uns nicht, dem selben Identität zuzulegen. Hier ist eben der gemeinsame Zweck, zu dem sich die Teile verbinden, bei allen Veränderungen der gleiche geblieben.

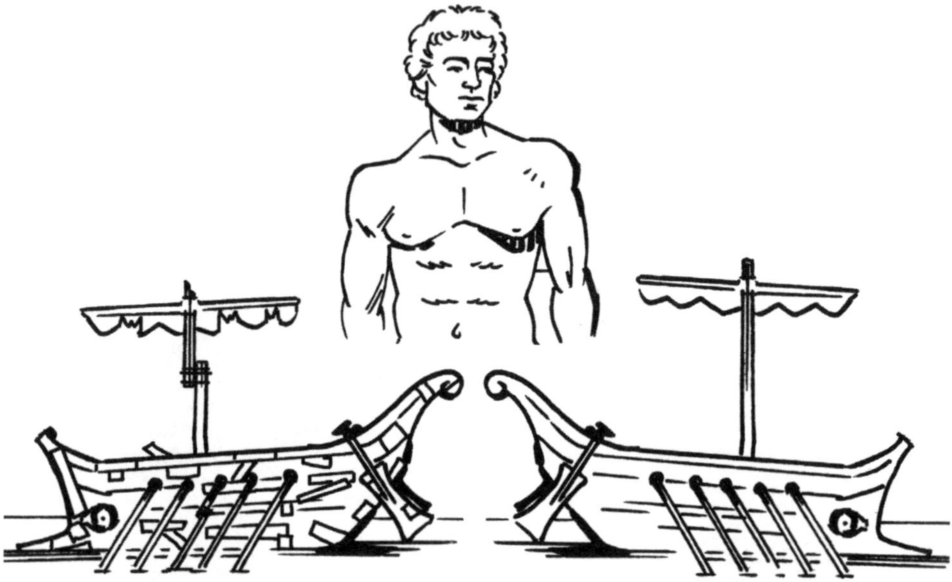

Ähnlich sei es bei der Identität von Pflanzen, Tieren und Menschen, deren einzelne Teile jeweils einem gemeinsamen Zweck dienen, nämlich der Aufrechterhaltung des Lebens des jeweiligen Individuums. Dieser Zweck – und die wechselseitige Abhängigkeit der Teile des Organismus – sei es, der bei noch so gravierenden Veränderungen die *Einheit* des Individuums definiert:

> Eine Eiche, die ein kleines Pflänzchen war und zu einem großen Baume emporgewachsen ist, ist für uns doch noch dieselbe Eiche, obgleich vielleicht kein [einziges] materielles Teilchen dasselbe geblieben ist und kein Teil seine Form bewahrt hat. Ein Knabe wird ein Mann; er ist einmal stark, einmal mager, aber alles dies ohne Veränderung seiner Identität. [...] Auch die Identität, die wir dem Geist des Menschen beilegen, ist nur eine fingierte; sie ist von gleicher Art wie diejenige, die wir Pflanzen und tierischen Körpern beilegen.

Bei der Konstruktion der Identität eines Menschen spielen die *Erinnerungen* bzw. das *Gedächtnis* eine wesentliche Rolle:

> Hätten wir kein Erinnerungsvermögen, so wüssten wir nichts [...] von jener Kette von Ursachen und Wirkungen, die unser Ich oder unsere Person ausmachen. Haben wir aber einmal vermöge der Erinnerung dieses Bewusstsein der Ursächlichkeit gewonnen, so können wir [...] die Identität unserer Persönlichkeit über die Grenzen unserer Erinnerung hinaus ausdehnen und sie Zeiten, Umstände und Handlungen in sich begreifen lassen, die wir vollständig vergessen haben.

Über die „Vernunft der Tiere"

Im neunten Abschnitt der *Untersuchung über den menschlichen Verstand* geht Hume kurz auf den Unterschied zwischen Mensch und Tier ein. Für ihn ist es offensichtlich, dass Tiere vieles aus Erfahrung lernen und induktiv ‚schließen', dass die gleichen Ereignisse stets aus den gleichen Ursachen folgen:

> Durch dieses Prinzip werden sie mit den augenfälligen Eigenschaften der äußeren Dinge bekannt und sammeln allmählich, von Geburt an, einen Schatz von Kenntnissen über die Natur des Feuers, Wassers, der Erde, Steine, Höhen, Tiefen usw., und über die Wirkungen, die von diesen ausgehen. Unwissenheit und Unerfahrenheit der Jungen sind dabei deutlich von der Geschicklichkeit und Klugheit der Alten zu unterscheiden, die durch lange Beobachtung gelernt haben, das Schädliche zu vermeiden und nach dem Nützlichen oder Angenehmen zu trachten.

Solche ‚Schlüsse' können jedoch unmöglich *Vernunftschlüsse* sein, sondern beruhen einzig auf der *Gewohnheit*, „von jedem Gegenstand, der ihren Sinnen begegnet, auf seine übliche Begleiterscheinung zu schließen". Einen großen Teil ihrer Kenntnisse empfangen die Tiere „ursprünglich aus der Hand der Natur". Diese quasi angeborenen Fähigkeiten nennen wir ‚Instinkt' und bewundern sie „gerne als etwas ganz Außerordentliches". Doch der Instinkt ist für Hume nicht rätselhafter als das Lernen aus der Erfahrung, das selbst instinktgemäß erfolgt:

> Mögen auch die Instinkte verschieden sein, so ist es dennoch ein Instinkt, der einen Menschen lehrt, das Feuer zu meiden, ebenso wie der, welcher einen Vogel mit solcher Genauigkeit die Fertigkeit des Brütens lehrt und die ganze Einrichtung und Ordnung der Brutpflege.

III. Humes 'Praktische Philosophie'

Heutzutage gliedert man die Teildisziplinen der Philosophie zumeist grob in die Bereiche der *Theoretischen* und der *Praktischen* Philosophie, wobei erstere insbesondere Logik, Wissenschaftstheorie, Erkenntnistheorie, Sprachphilosophie und Philosophie des Geistes umfasst, während zu letzterer neben der Moralphilosophie bzw. Ethik vor allem die Politische Philosophie – als Theorie von Recht, Staat und Gesellschaft – sowie die Ästhetik – als Theorie der bildenden Künste – gehören.

Humes Frühwerk, der *Traktat über die menschliche Natur*, besteht aus drei Teilen bzw. Büchern. Das erste trägt den Titel „Über den Verstand" und setzt sich primär mit erkenntnistheoretischen Fragen auseinander, fällt somit eindeutig in den Bereich der Theoretischen Philosophie. Das zweite bzw. das dritte Buch hingegen behandeln die „Affekte" bzw. die „Moral", also Kernthemen der Praktischen Philosophie. Hier wollen wir uns zunächst einem Problem zuwenden, das im Schnittbereich von Theoretischer und Praktischer Philosophie liegt: *Freiheit und Determinismus*.

Religiöse Aspekte des Freiheitsproblems

Ein wichtiger Aspekt des Freiheitsproblems entspringt der Auffassung, der Weltschöpfer Gott sei *allwissend*, wisse also von jedem zukünftigen Ereignis, ob es stattfinden werde oder nicht. Insbesondere wisse Gott, ob ein bestimmter Mensch eine bestimmte Handlung ausführen wird, und wenn diese Handlung im Geiste Gottes schon *vorherbestimmt* bzw. *vorhergewusst* ist, scheint sie nicht frei zu sein.

Nach Ansicht des römischen Schriftstellers Cicero (106–43 v. Chr.) führt die Annahme der Allwissenheit Gottes vielmehr dazu, die Existenz eines „Fatums" anzuerkennen, und das hätte gravierende Konsequenzen. Wenn nämlich alles aufgrund eines Fatums geschieht und somit der Mensch keinen freien Willen besitzt, „so wird das ganze menschliche Leben auf den Kopf gestellt, umsonst werden dann Gesetze gegeben, umsonst Zurechtweisung und Lob, Tadel und Ermahnung angewendet, und ganz ungerecht ist es, für die Guten Lohn, für die Bösen Strafen festzusetzen."

In dem Werk *Der Gottesstaat* setzt sich der Kirchenvater Augustinus (254–430) mit Ciceros skeptischen Überlegungen auseinander und behauptet, „dass einerseits Gott alles weiß, bevor es geschieht, und dass andererseits wir all das mit freiem Willen tun, was immer wir nach dem Zeugnis unserer Empfindung und unseres Bewusstseins mit freiem Willen tun." Gottes Allwissenheit sei jedoch mit menschlicher Freiheit *verträglich*, denn:

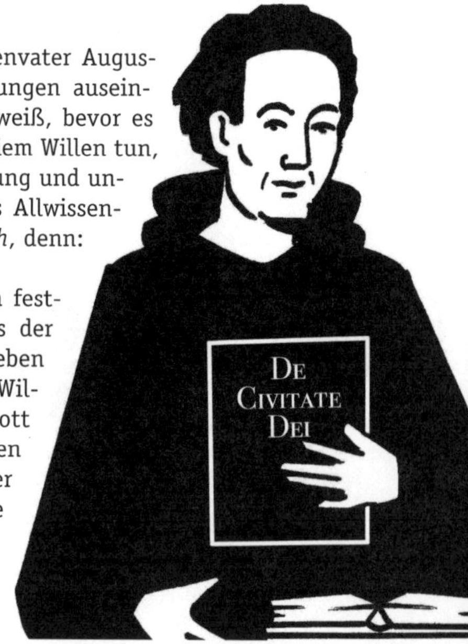

> [...] wenn bei Gott die Ordnung aller Ursachen feststeht, so folgt daraus noch nicht, dass nichts der freien Entscheidung unseres Willens anheimgegeben sei. Es befindet sich nämlich eben auch unser Wille unter der Ordnung der Ursachen, die bei Gott feststeht und in sein Vorherwissen aufgenommen ist, weil auch der Wille des Menschen Ursache der Betätigung des Menschen ist. Und sonach musste dem, der die Ursache aller Dinge vorauswusste, natürlich auch [...] unser Wille bekannt sein, von dem er vorauswusste, dass er Ursache unserer Handlungen sei.

Im Hinblick auf die von Cicero ausgemalten praktischen Konsequenzen führt Augustinus aus:

> Deshalb sind Gesetze, Zurechtweisung, Ermahnung, Lob und Tadel nicht umsonst; denn Gott hat auch sie vorausgewusst, und sie wirken sehr viel, soviel als Gott vorhergewusst hat, dass sie wirken würden. Auch Gebete sind wirksam, um das zu erlangen, was Gott, wie er vorherwusste, eben [nur] den Betenden gewähren würde; und gerecht ist es, dass für gute Handlungen Lohn, für Sünden Strafe festgesetzt ist. Denn deshalb, weil Gott von einem Menschen vorhergewusst hat, dass er sündigen werde, hört dieser nicht auf, das Subjekt der Sünde zu sein; im Gegenteil, gerade deshalb ist es unzweifelhaft er selbst, der sündigt, wenn er sündigt, weil Gott, dessen Vorherwissen keinem Irrtum unterliegen kann, vorhergewusst hat, dass nicht das Fatum, nicht der Zufall noch sonst etwas, sondern dass er selbst sündigen werde. Will er nicht, so sündigt er natürlich nicht; aber wenn er nicht sündigen will, so hat auch dies Gott vorhergewusst.

Determinismus der Natur

Nach Ansicht vieler Philosophen ist eine Allwissenheit Gottes nur möglich, wenn der gesamte Ablauf des Geschehens in der Welt nach streng deterministischen Gesetzen erfolgt. Logisch betrachtet wäre ein naturwissenschaftliches Gesetz als *deterministisch* zu bezeichnen, wenn es den Charakter einer uneingeschränkten Allaussage besitzt, d. h. – grob gesprochen – die Struktur:

> Für alle Dinge x und für alle Zeitpunkte t gilt: Wenn x zum Zeitpunkt t_1 sich in einem gewissen Ausgangszustand Z_1 befindet, dann geht x zum nächsten Zeitpunkt t_2 in einen Folgezustand Z_2 über.

Bei einem *indeterministischen* Gesetz hingegen würde die Zustandsänderung nicht immer bzw. nicht mit Notwendigkeit erfolgen. Zu einem Ausgangszustand Z_1 wäre nicht nur ein einziger Nachfolgezustand Z_2 möglich, sondern es wären verschiedene Zustände $Z_{2.1}$, $Z_{2.2}$ etc. denkbar, die jeweils mit einer bestimmten *Wahrscheinlichkeit* eintreten können. Gemäß der im 20. Jahrhundert entwickelten Quantentheorie haben einige fundamentale Naturgesetze so einen indeterministischen Charakter.

Im 17. und 18. Jahrhundert dagegen herrschte ein strikt deterministisches Weltbild vor. Vor allem durch Newtons Entwicklung einer allgemeinen Bewegungstheorie (in den *Principia Mathematica* von 1686) schien es unzweifelhaft, dass der gesamte Naturablauf theoretisch exakt berechenbar und vorhersagbar wäre. Diese Auffassung führte den französischen Mathematiker Pierre-Simon Laplace (1749–1827) dazu, die prinzipielle Möglichkeit eines Wesens (mit übermenschlicher Intelligenz) zu postulieren, „das in der Lage sein sollte, aus der Kenntnis der Koordinaten und Impulse aller Teilchen des Universums für einen bestimmten Zeitpunkt anhand der Naturgesetze alle vergangenen und zukünftigen Konstellationen des Universums zu bestimmen." Der sog. Laplacesche Dämon steht sinnbildlich für das zu Humes Zeiten vorherrschende mechanistische Weltbild, demzufolge die Natur als ein komplexes ‚Uhrwerk' angesehen werden kann und der Mensch als eine komplexe ‚Maschine'. Im Weltgeschehen gibt es somit keinen wirklichen *Zufall*: Alles, was geschieht, geschieht mit Notwendigkeit.

Hume über Determinismus und Freiheit

Der achte Abschnitt der *Untersuchung über den menschlichen Verstand* trägt die Überschrift „Über Freiheit und Notwendigkeit". Die Tatsache, dass einerseits über dieses Thema seit 2.000 Jahren gestritten wurde, dass es andererseits als Gegenstand des alltäglichen Lebens eine große praktische Relevanz besitzt, sieht Hume als Indiz dafür, dass dem Freiheitsproblem kein echter Meinungsstreit zugrunde liegt, sondern lediglich eine „terminologische Mehrdeutigkeit". Der „richtige und genaue" Begriff der Notwendigkeit entspringt der Beobachtung der *Gleichartigkeit* und erschöpft sich darin. Bezüglich des Geschehens in der *unbelebten* Natur führt Hume zunächst aus:

> Es wird allgemein anerkannt, dass die Materie in all ihren Verhaltensweisen durch eine notwendige Kraft bewegt wird und jede Wirkung in der Natur so genau durch ihre Ursache bestimmt ist, dass unter den betreffenden Umständen keine andere Wirkung aus ihr hätte entstehen können.

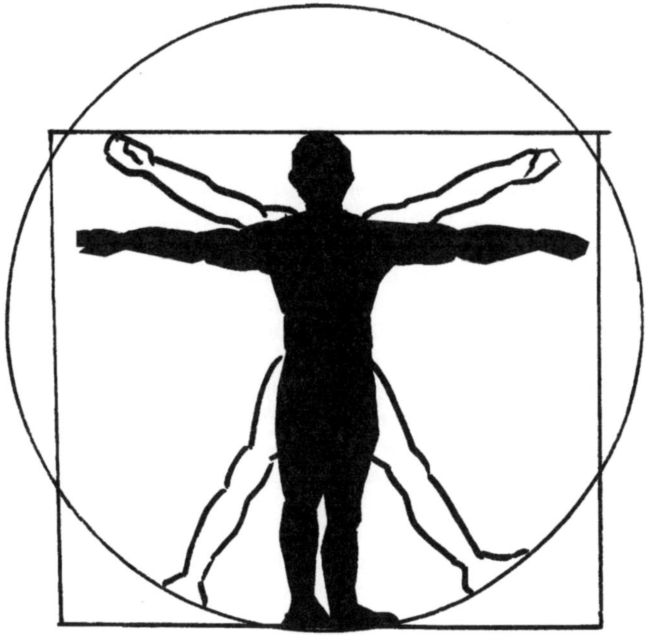

Sodann überträgt er den Determinismus auf den Bereich der *belebten* Natur und behauptet:

> [...] dass eine große Gleichförmigkeit unter den Handlungen der Menschen bei allen Völkern und zu allen Zeiten besteht und dass sich die menschliche Natur in ihren Prinzipien und Handlungsweisen immer gleichbleibt. Die gleichen Motive führen immer zu den gleichen Handlungen; die gleichen Ereignisse folgen aus gleichen Ursachen. Ruhmsucht, Habgier, Selbstsucht, Eitelkeit, Freundschaft, Großmut, Gemeinsinn – diese Neigungen waren und sind [...] seit Anbeginn der Welt die Quelle aller Handlungen und Unternehmungen, die man je unter Menschen beobachtet hat.

Diese Gleichförmigkeit besteht nun nicht in dem Sinne, dass alle Menschen unter gleichen Umständen, ohne Berücksichtigung der Verschiedenheit der Charaktere, Vorurteile und Ansichten, stets genau in der gleichen Weise handeln werden; und es mag sogar Handlungen geben, „die keine regelmäßige Verknüpfung mit irgendwelchen bekannten Motiven haben und Ausnahmen von allen Lebensregeln sind, die je zur Menschenführung aufgestellt wurden." Aber entsprechende Unregelmäßigkeiten und Ausnahmen gibt es auch in der *unbelebten* Natur. Hier wie dort sollte daraus nicht auf einen *Zufall* im Sinne einer Ungewissheit in den Ursachen geschlossen werden, sondern vielmehr auf eine „geheime Wirksamkeit konträrer Ursachen".

> Aus der Beobachtung verschiedener Parallelfälle bilden die Philosophen den Grundsatz, dass die Verknüpfung zwischen allen Ursachen und Wirkungen gleichermaßen notwendig ist und dass ihre scheinbare Ungewissheit in einigen Fällen von dem geheimen Gegensatz konträrer Ursachen herrührt. [...] Will der Philosoph konsequent sein, muss er die gleiche Begründung auf Handlungen und Willensakte vernünftiger Wesen anwenden.

Wie kommt es aber dazu, „dass die ganze Menschheit – obwohl sie stets ohne Zögern in Praxis und Theorie die Lehre von der Notwendigkeit anerkannt hat – doch solche Abneigung zeigt, sie ausdrücklich anzuerkennen"? Nach Hume liegt das vorwiegend daran, dass zahlreiche Personen einen *falschen Begriff* von Notwendigkeit haben. Notwendigkeit ist nichts weiter als regelmäßige Verknüpfung; dennoch glauben viele Menschen, dass sie weiter in die Kräfte der Natur eindringen und so etwas wie einen notwendigen Zusammenhang von Ursache und Wirkung wahrnehmen können, während sie eine solche Verknüpfung zwischen ihren eigenen Motiven oder Gründen und ihren Handlungen nicht bemerken. Bei der Ausführung einer Handlung verspüren wir oft so etwas wie Freiheit, Unbestimmtheit oder Unentschiedenheit. „Wir bilden uns ein, dass der Wille selbst niemandem untertan ist", da wir fühlen, dass wir genauso gut das Gegenteil hätten wollen und tun können, wie wir dann anschließend, in scheinbar ähnlicher Situation, durch die Tat ‚beweisen'. Aber wir bedenken nicht, „dass der verstiegene Wunsch, Freiheit zu erweisen, das Motiv unserer Handlungen ist, und es scheint sicher, dass – wie sehr wir uns auch einbilden mögen, Freiheit in uns zu verspüren – ein Betrachter gewöhnlich unsere Taten aus unseren Motiven und Charakterzügen ableiten kann."
Gegen Ende des ersten Teils des achten Abschnitts fasst Hume seine Gedanken zum Freiheitsproblem, „dieser strittigsten Frage der umstrittensten Wissenschaft, der Metaphysik", wie folgt zusammen:

> [Es] bedarf nicht vieler Worte zu beweisen, dass die Menschheit allzeit sowohl in der Lehre von der Freiheit als auch in der [Lehre] von der Notwendigkeit einer Meinung war und dass der ganze Streit auch in dieser Hinsicht bisher ein bloßer Streit um Worte war. Denn was ist mit Freiheit in Bezug auf Willenshandlungen gemeint. Sicherlich nicht, dass Handlungen so wenig Verknüpfung mit Motiven, Neigungen und Umständen haben, dass die eine nicht mit einem gewissen Grade von Gleichmäßigkeit aus der anderen folgt und dass die eine keinen Schluss auf die Existenz der anderen zuließe. Das sind augenscheinliche und anerkannte Tatsachen. Unter Freiheit können wir somit *nur eine Macht, zu handeln oder nicht zu handeln, entsprechend den Willensentscheidungen* verstehen; d. h. wollen wir uns ruhig verhalten, so können wir es; wollen wir uns bewegen, so können wir es auch. Diese bedingte Freiheit wird allgemein jedem zugestanden, der kein Gefangener ist und in Ketten liegt.

Im zweiten Teil des gleichen Abschnitts kommt Hume auf ethische Konsequenzen der Notwendigkeitslehre zu sprechen. Er behauptet zunächst, Handlungen seien immer nur insofern moralisch beurteilbar, als sie durch Charakter und Anlage der handelnden Person verursacht sind. Daraus folgt, dass unter Voraussetzung von Freiheit im Sinne mangelnder Notwendigkeit ein Verbrecher für seine Taten nicht verantwortlich wäre, weil „sein Charakter mit seinen Handlungen in keiner Weise etwas zu tun hat, da diese ja nicht aus ihm entstehen, und die Verruchtheit der einen kann niemals als Beweis der Verderbtheit des anderen dienen". Außerdem weist Hume darauf hin, dass „Freiheit" (in *seinem* Sinn) selbstverständlich notwendig ist für die moralische Beurteilung. Was äußerer Gewalt entspringt, kann unmöglich zu Lob oder Tadel Anlass geben.

Das Problem der Theodizee

Ein weiterer Aspekt des Freiheitsproblems resultiert aus der Annahme eines zusätzlichen Attributs des Schöpfergottes: seiner ‚Allgüte' bzw. seiner moralischen Perfektion. Wie ist die Existenz von Übeln in der Welt verträglich mit der Annahme, die Welt sei von einem allwissenden, allmächtigen und allgütigen Gott erschaffen worden? Bereits der antike Philosoph Epikur soll das Dilemma wie folgt beschrieben haben: „Will [Gott] Übel verhüten und kann nicht? Dann ist er ohnmächtig. Kann er und will nicht? Dann ist er übelwollend. Will er und kann er? Woher dann das Übel?"

In den umfangreichen *Essais de Théodicée sur la Bonté de Dieu, la Liberté de l'Homme et l'Origine du Mal* versucht G. W. Leibniz (1646–1716), dieses Problem wie folgt zu lösen: Die wirkliche, von Gott geschaffene Welt ist zwar nicht in jedem Detail perfekt; dennoch ist sie (entgegen allem Anschein) insgesamt die *beste aller möglichen Welten*. Mit dieser kühnen These hat Hume sich kritisch auseinandergesetzt.

Hume zum Theodizee-Problem

Hume gesteht freiwillig zu, dass aus seiner Auffassung von der Notwendigkeit oder Determiniertheit alles Naturgeschehens eine Reihe von Problemen folgt, die er nur bedingt lösen kann. Zum einen ergibt sich aus ihr „eine fortlaufende Kette im Voraus angeordneter und vorherbestimmter notwendiger Ursachen, [...] die von der ersten Ursache aller Dinge bis zu jeder einzelnen Willensregung jedes einzelnen Menschen reicht. [...] Der letzte Urheber all unseren Wollens ist der Weltschöpfer". Daraus ergibt sich das Dilemma: „Menschliche Handlungen können [...], da sie aus einer so guten Ursache stammen, überhaupt nicht sittlich verwerflich sein, oder aber sie müssen – wenn sie verwerflich sind – unseren Schöpfer in gleiche Schuld verstricken, da er als ihre letzte Ursache, ihr Urheber gilt."

Humes Position in dieser wichtigen Frage wird zumindest an dieser Stelle noch nicht ganz klar. Er wendet sich gegen Versuche, die Existenz von Übel und Bösem in der Welt mit den Konsequenzen der Notwendigkeitslehre dadurch zu vereinbaren, dass die Welt als Ganzes trotz aller Mängel im Detail „vollkommen gut beschaffen" sei und dass jede Alternative schlechter wäre. Ein solch spekulatives System der Philosophie à la Leibniz würde den natürlichen Empfindungen des Menschengeistes nicht gerecht. Deshalb plädiert Hume anscheinend für die zweite Alternative des Dilemmas. Er spricht von „Geheimnissen, zu deren Behandlung die [...] auf sich selbst gestellte Vernunft sehr ungeeignet ist". Religionsphilosophie sei generell ein Gebiet voll Dunkelheit und Verwirrung:

> Die Unbestimmtheit und Zufälligkeit menschlichen Handelns mit der göttlichen Vorsehung in Einklang zu bringen oder absolute Ratschlüsse zu verteidigen und dennoch die Gottheit davon freizuhalten, Urheber der Sünde zu sein, hat sich bisher noch als alle Macht der Philosophie übersteigend herausgestellt.

Im weiteren Verlauf dieses Buchs wird sich zeigen, dass diese Ausführungen einen stark ironischen Charakter besitzen und als geschickt getarnte Kritik an zentralen Dogmen der christlichen Religion zu verstehen sind.

Exkurs: Positionen in der Frage von Determinismus und Willensfreiheit

Rein logisch betrachtet gibt es vier Fälle des Zutreffens (+) bzw. Nicht-Zutreffens (-) von Determinismus und Willensfreiheit:

Determinismus	Willensfreiheit
+	+
+	–
–	+
–	–

Wie Ansgar Beckermann (in *Gehirn, Ich, Freiheit*, S. 92 f.) ausführt, gibt es in der Philosophie:

> [...] zwei Grundpositionen – den *Inkompatibilismus* und den *Kompatibilismus*. Inkompatibilisten vertreten die Auffassung, dass Willensfreiheit mit dem Determinismus unvereinbar ist. Vielen erscheint das so selbstverständlich, dass sie gar nicht verstehen, wie man in diesem Punkt anderer Meinung sein kann. In der Philosophie hat es aber seit vielen Jahrhunderten immer wieder Autoren gegeben, die bewusst die Gegenposition – die Position des Kompatibilismus – vertreten haben, die also behauptet haben, dass Willensfreiheit unter bestimmten Bedingungen sehr wohl mit dem Determinismus vereinbar ist.

Sodann benennt Beckermann folgende Ausprägungen einer kompatibilistischen bzw. inkompatibilistischen Position: Ein *„Libertarier"* sei ein „Inkompatibilist, der der Meinung ist, dass es Freiheit gibt und dass daher der Determinismus falsch ist." Ein *„weicher Determinist"* hingegen sei ein „Kompatibilist, der der Meinung ist, dass es Freiheit gibt und dass die Tatsache, dass der Determinismus wahr ist, daran nichts ändert." Ein *„Freiheitsskeptiker"* sei generell jemand, der behauptet, „dass es keine Freiheit gibt". Zu diesen Freiheitsskeptikern gehören insbesondere die *„harten Deterministen"*, die behaupten, dass es keine Freiheit geben kann, *weil* der Determinismus wahr ist.
Dieser Klassifikationsversuch ist etwas verwirrend – und bleibt auch unvollständig. Grundsätzlich wäre zu betonen, dass ein *Inkompatibilist* die Möglichkeit des ersten Falls der obigen Tabelle leugnet, während ein Kompatibilist alle vier Fälle für möglich hält. Demzufolge gibt es theoretisch vier Arten von Kompatibilisten, aber nur drei Arten von Inkompatibilisten. In der Tat erwähnt Beckermann neben dem *„Libertarier"* (-/+) und dem *„harten Deterministen"* (+/-) in einer Fußnote noch eine Variante der Position (-/-), dass nämlich „der Determinismus falsch ist, dass es aber trotzdem keine Freiheit gibt, da alle nicht determinierten Entscheidungen und Handlungen rein zufällig passieren." Bei den Kompatibilisten hingegen wird nur der *„weiche Determinist"* als Verfechter der (+/+)-Kombination hervorgehoben, während die Vertreter einer kompatibilistischen (+/-)-, (-/+)- oder (-/-)-Kombination keine spezifischen Bezeichnungen erhalten.

Exkurs: Schopenhauers Determinismus

Ein gutes Jahrhundert nach Hume hat Arthur Schopenhauer (1788–1860) die einschlägigen Gedanken des schottischen Philosophen aufgegriffen und weiter radikalisiert. In seiner *Preisschrift über die Freiheit des Willens* von 1741 behauptet er kategorisch, dass alles Geschehen in der Natur den gleichen, unveränderlichen Gesetzen unterliegt:

„Es ist durchaus weder Metapher noch Hyperbel, sondern ganz trockene und buchstäbliche Wahrheit, dass, sowenig eine Kugel auf dem Billard in Bewegung geraten kann, ehe sie einen Stoß erhält, ebenso wenig ein Mensch von seinem Stuhle aufstehen kann, ehe ein Motiv ihn wegzieht oder treibt; dann aber ist sein Aufstehn so notwendig und unausbleiblich wie das Rollen der Kugel nach dem Stoß. [...] Denn der Mensch ist wie alle Gegenstände der Erfahrung eine Erscheinung in Zeit und Raum, und da das Gesetz der Kausalität für alle diese a priori und folglich ausnahmslos gilt, muss auch er ihm unterworfen sein. So sagt es der reine Verstand [...] und so bezeugt es die Erfahrung jeden Augenblick".

Noch eindeutiger als Hume vertritt Schopenhauer also einen *universellen* Determinismus und formuliert diesen prägnant wie folgt:

Insbesondere glaubt Schopenhauer, dass auch alle mentalen Zustände eines Menschen determiniert sind: Was immer jemand denkt, sich vorstellt oder träumt, ist notwendige Folge vorhergehender Umstände. Ferner meint Schopenhauer, dass jede Handlung das notwendige Resultat zweier Faktoren darstelle: des *Charakters* der handelnden Person und der Umstände bzw. *Motive*. Aufgrund dieses *Handlungsdeterminismus* ist für Schopenhauer „alle Freiheit des menschlichen Handelns völlig aufgehoben". Die Frage, ob ein Mensch jemals eine Wahl hatte, zwischen zwei Alternativen zu entscheiden, müsse klarerweise verneint werden: „Sind einem [...] Menschen unter gegebenen Umständen zwei Handlungen möglich oder nur eine? – Antwort aller Tiefdenkenden: Nur eine."
Im Übrigen sei eingeflochten, dass Schopenhauer ein großer Fan von Hume war und in *Die Welt als Wille und Vorstellung* behauptete:

Humes ‚Kompatibilismus'

Gemäß der oben erläuterten Klassifikation wäre Schopenhauer als paradigmatischer Vertreter des *Inkompatibilismus* einzustufen: Ihm zufolge sind Willensfreiheit und Determinismus unverträglich: Weil in der Natur ein durchgängiger Determinismus herrscht, kann der Wille des Menschen nicht frei sein. Hume vertritt zwar ebenfalls einen (weitgehend universellen) *Determinismus;* dennoch wäre er in gewisser Weise als *Kompatibilist* einzuordnen, da er ungeachtet der Lehre von der Notwendigkeit dem Menschen eine gewisse Freiheit zubilligt. Allerdings handelt es sich dabei nicht um die von Schopenhauer geleugnete Freiheit des menschlichen *Wollens* oder *Entscheidens*, sondern lediglich um die – wie Hume es selbst ausdrückt – *bedingte* Freiheit, das zu *tun*, was man jeweils tun *will*.

Laut Beckermann (2008, S. 94 f.) hat schon Thomas Reid (1710–1796) auf die Problematik von Humes Konzeption von Freiheit hingewiesen:

> Frei können wir uns nach Reid nur nennen, wenn wir nicht nur tun können, was wir wollen, sondern wenn wir auch unseren Willen selbst bestimmen können. Wirkliche Freiheit setzt voraus, dass wir bestimmen, aufgrund welcher Motive, Wünsche und Überzeugungen wir handeln; wenn [hingegen] Umstände, *die außerhalb unseres Einflussbereichs liegen*, bestimmen, welche dieser Beweggründe handlungswirksam werden, sind wir nicht frei. Für verantwortliches Handeln reicht Handlungsfreiheit also nicht aus, der Handelnde muss auch über *Willensfreiheit* verfügen – die Freiheit, den eigenen Willen selbst zu bestimmen.

Als Paradigma von Menschen ohne freien Willen betrachtet Beckermann Drogensüchtige:

> [...] sie können Drogen nehmen, wenn sie das wollen [...], und sie können auch keine Drogen nehmen, wenn sie das nicht wollen. Drogensüchtige sind also in ihren Handlungen [gemäß der Bestimmung von Hume] frei. Trotzdem machen wir sie nicht verantwortlich. Sie sind [... nämlich] innerlich unfrei; sie unterliegen einem *inneren Zwang*. [...] Ihr Wille führt gewissermaßen ein Eigenleben. [...] Der Drogensüchtige ist nicht Herr seiner Wünsche. Mit einem Wort: Ihm fehlt Willensfreiheit.

So plausibel Reids (bzw. Beckermanns) Unterscheidung zwischen Handlungsfreiheit und Willensfreiheit auch zu sein scheint, eine *klare Bestimmung* der „Freiheit, den eigenen Willen selbst zu bestimmen" ist damit leider noch nicht gewährleistet. Es lohnt sich deshalb, noch einen anderen renommierten Philosophen zu Worte kommen zu lassen.

Exkurs: Leibniz' Erläuterung unterschiedlicher Freiheitsbegriffe

In den um 1704 verfassten *Neuen Abhandlungen über den menschlichen Verstand* führte Gottfried Wilhelm Leibniz aus:

> Es gibt eine juristische Freiheit und eine faktische Freiheit. *Rechtlich* ist ein Sklave gänzlich unfrei und ein Untergebener nicht ganz frei, aber ein Armer ist so frei wie ein Reicher. Die faktische Freiheit besteht entweder in der Möglichkeit, das zu tun, was man will, oder in der Möglichkeit, zu *wollen*, wie es angebracht ist. Sie sprechen von der *Handlungsfreiheit*, und diese hat ihre Grade und Verschiedenheiten. *Im Allgemeinen* ist der, der über die größeren Mittel verfügt, auch freier zu tun, was er will; *im Besonderen* aber versteht man die Freiheit als den Gebrauch der Güter, über die wir gewöhnlich verfügen können, vor allem auf den freien Gebrauch unseres Körpers. In diesem Sinne stören eine Gefangenschaft oder eine Krankheit unsere Freiheit, weil sie uns daran hindern, unseren Körper und seine Gliedmaßen so zu bewegen, wie wir wollen. [...]
> Die *Willensfreiheit* versteht man ihrerseits in zweierlei Sinn. Im ersten wird sie der geistigen Unvollkommenheit oder Eingeschränktheit gegenübergestellt, die einen, wenngleich inneren, Zwang [...] darstellt, wie er von den Leidenschaften herrührt; der zweite Sinn liegt vor, wenn man die Freiheit der Notwendigkeit gegenüberstellt. Im ersteren Sinn behaupteten die Stoiker, dass nur der Weise frei ist; und in der Tat hat niemand einen freien Verstand, wenn er von einer großen Leidenschaft besessen ist, denn dann kann er nicht so wollen, wie es angemessen ist, d. h. mit der erforderlichen Erwägung. So ist allein Gott vollkommen frei, die geschaffenen Geister hingegen nur in dem Maße, wie sie über ihren Leidenschaften stehen; und diese Art von Freiheit betrifft im eigentlichen Sinn unseren Verstand.
> Die Freiheit des Geistes hingegen, die der Notwendigkeit entgegengesetzt ist, betrifft den nackten Willen, insoweit er von dem Verstande unterschieden ist. Das nennt man den *freien Willen*, welcher darin bestehen soll, dass die stärksten Gründe und Eindrücke, die der Verstand dem Willen darbietet, den Willensakt nicht daran hindern, kontingent zu sein, und ihm keine absolute [...] Notwendigkeit auferlegen. Und in diesem Sinne pflege ich zu sagen, dass der Verstand den Willen bestimmen kann gemäß den überwiegenden [...] Gründen, die auf eine sichere und unfehlbare Weise ihn in bestimmter Richtung geneigt machen, ohne ihn jedoch zu nötigen.

Der ‚Clou' der Leibnizschen Konzeption des freien Willens besteht also in der Annahme, dass der „Willensakt" (d. h. die Entscheidung zu einer Handlung) durch den „Verstand" (d. h. die vernünftige Abwägung der Handlungsgründe) zwar „auf unfehlbare Weise geneigt macht" (d. h. in gewisser Weise *determiniert*) wird, aber eben nicht mit „absoluter Notwendigkeit", so dass eine andere Entscheidung jedenfalls *möglich* gewesen wäre.

Die „Bedingung alternativer Möglichkeiten"

In den zeitgenössischen Diskussionen wird deutlich, dass der „Bedingung alternativer Möglichkeiten" (und der damit einhergehenden Präzisierung des einschlägigen Möglichkeitsbegriffs) eine zentrale Rolle für die Freiheitsproblematik zukommt. Für Beckermann ist diese Bedingung schlechterdings unverzichtbar. In einem vieldiskutierten Aufsatz hat Harry G. Frankfurt hingegen zu argumentieren versucht, dass die Bedingung alternativer Möglichkeiten für die Freiheit bzw. für die moralische Verantwortlichkeit des Handelnden nicht unbedingt erforderlich sei. Dazu konstruierte er folgendes Gedankenexperiment:

> Dr. Black, ein gewissenloser Neurochirurg, hat ein Interesse daran, dass Smith getötet wird, will aber nicht selbst Hand anlegen. Aus diesem Grunde hält er nach einer Person Ausschau, die das für ihn erledigen soll. Seine Wahl fällt auf Jones, in dessen Gehirn er [...] ein Gerät implantiert, das [ihn] in die Lage versetzt, Jones' Entscheidungen und Handlungen dadurch zu determinieren, dass er das implantierte Gerät durch Knopfdruck aktiviert. Black aktiviert das Implantat [...] dann und nur dann, wenn Jones im Begriff ist, anders zu entscheiden, als Black es will. [...] Und Black hat Glück, denn Jones [...] entscheidet sich [selbst], Smith zu töten und tötet Smith schließlich.

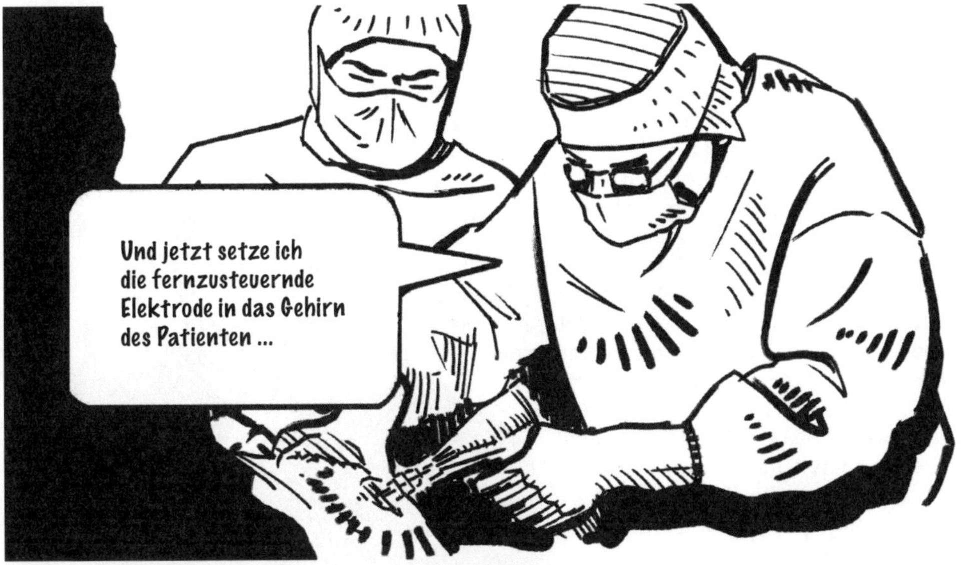

Bei genauerer Analyse zeigt dieses Beispiel jedoch *nicht*, dass ein freies (bzw. moralisch verantwortliches) Handeln auch dann möglich wäre, wenn der Handelnde gar keine Optionen besitzt. Zwar muss man (in Übereinstimmung mit Frankfurt) Jones für den Mord *verantwortlich* halten, denn Jones hatte sich in dem Szenario ja selbst frei entschieden, Smith zu töten. Frankfurts weitere These, dass Jones in dem Szenario gar nicht anders hätte handeln bzw. entscheiden können, ist hingegen falsch. Wenn Jones sich nämlich anders entschieden hätte (oder genauer gesagt: hätte entscheiden wollen), dann hätte Dr. Black intervenieren und durch Knopfdruck dafür sorgen müssen, dass Jones dennoch den Tötungsakt ausführt. In diesem Fall wäre aber die Verantwortung für den Mord klarerweise auf den Neurochirurgen übergegangen.

Ethische (moralphilosophische) Theorien

Die 1751 veröffentlichte *Enquiry concerning the Principles of Morals* ist nach Humes eigener Einschätzung „von allen meinen Schriften, den historischen, philosophischen und literarischen", die *unvergleichbar beste*. Zugleich war Hume sich aber bewusst, dass eine objektive Bewertung der Werke eines Autors besser durch Andere erfolgt. Die Geschichte hat jedenfalls gezeigt, dass Humes erkenntniskritische *Untersuchung über den menschlichen Verstand* die weitere Entwicklung der Philosophie bis ins 20. Jahrhundert weit mehr beeinflusst hat als seine Moralphilosophie. Ja, in gewisser Weise handelt es sich bei der *Untersuchung über die Prinzipien der Moral* gar nicht um eine wirkliche Ethik im Sinne einer Theorie, die das Wesen des moralisch richtigen Handelns allgemein zu bestimmen versucht, sondern lediglich um eine *Tugendlehre* oder *Gefühlsethik*, ähnlich der 1759 erschienenen *Theorie der ethischen Gefühle* von Adam Smith.

Immanuel Kant hat in der *Kritik der praktischen Vernunft* (1788) versucht, den sog. „kategorischen Imperativ" als Richtschnur sämtlichen moralischen Verhaltens zu begründen. Der Imperativ lautet (in einer von verschiedenen, mehr oder minder variierenden Formen): „Handle so, dass die Maxime deines Willens jederzeit zugleich als Prinzip einer allgemeinen Gesetzgebung gelten könne!" Demzufolge ist eine Handlung *H* genau dann ‚sittlich' bzw. moralisch richtig, wenn ihre Verallgemeinerung (jeder handelt in der betreffenden Situation gemäß *H*) ein allgemeines Gesetz – und damit von jedermann akzeptiert bzw. gewollt – werden könnte.

In ähnlich allgemeiner Form haben sich Utilitaristen wie Jeremy Bentham oder John Stuart Mill bemüht, das *Prinzip des größtmöglichen Glücks* als Kriterium der Moralität zu verteidigen. Die utilitaristische Maxime wird z. B. in Benthams *Einführung in die Prinzipien der Moral und der Gesetzgebung* (1789) als jenes Prinzip formuliert, „das schlechthin jede Handlung in einem Maße billigt oder missbilligt, wie ihr die Tendenz innezuwohnen scheint, das Glück der Gruppe, deren Interesse in Frage steht, zu vermehren oder zu vermindern, oder – das gleiche mit anderen Worten gesagt – dieses Glück zu befördern oder zu verhindern." Demzufolge ist eine Handlung *H* genau dann moralisch richtig, wenn das Glück aller durch *H* betroffenen Personen gefördert (bzw. maximiert) wird.

Bei Hume findet sich kein vergleichbarer Versuch, ein *allgemeines* Kriterium der Moralität einer Handlung zu definieren. Er geht vielmehr davon aus, dass alle Menschen die „Realität moralischer Unterschiede" kennen, also die Unterscheidung zwischen Gut und Böse, zwischen Tugend und Laster, zwischen Recht und Unrecht bzw. Gerechtigkeit und Ungerechtigkeit. Allerdings wird sich später zeigen, dass Hume zur Frage der Moralität einiger ausgewählter Handlungen (speziell im Bereich des sexuellen Verhaltens) durchaus konkret Stellung bezogen hat. Bevor wir uns dem Inhalt der Humeschen Moralphilosophie zuwenden, sei vorab kurz auf einen anderen Punkt eingegangen, durch den der Name ‚Hume' untrennbar mit der Ethik verknüpft ist, dem sog. Humeschen Gesetz über den Zusammenhang (bzw. Nicht-Zusammenhang) von Wert- und Tatsachenaussagen.

Humes Gesetz

Im *Traktat über die menschliche Natur* schreibt Hume:

> In jedem Moralsystem, das mir bisher vorkam, habe ich immer bemerkt, dass der Verfasser eine Zeitlang in der gewöhnlichen Betrachtungsweise vorgeht [... und z. B.] Beobachtungen über menschliche Dinge vorbringt. Plötzlich werde ich damit überrascht, dass mir anstatt der üblichen Verbindungen von Worten mit ‚ist' und ‚ist nicht' kein Satz mehr begegnet, in dem nicht ein ‚sollte' oder ‚sollte nicht' sich fände. Dieser Wechsel vollzieht sich unmerklich, aber er ist von größter Wichtigkeit. Dies ‚sollte' oder ‚sollte nicht' drückt eine neue Beziehung oder Behauptung aus, muss also notwendigerweise beachtet und erklärt werden. Gleichzeitig muss ein Grund angegeben werden für etwas, das sonst ganz unbegreiflich scheint, nämlich dafür, wie diese neue Beziehung zurückgeführt werden kann auf andere, die von ihr ganz verschieden sind.

Wie Franz von Kutschera in den *Grundlagen der Ethik* erläutert, besteht das Humesche Gesetz im Wesentlichen in der Behauptung, „der Schluss von nicht-normativen ‚ist'-Aussagen auf normative ‚soll'-Aussagen bedürfe einer Begründung, sei also kein logisch gültiger Schluss". Diese Einsicht wird in der zeitgenössischen Literatur meist zu der Formel verkürzt:

Ethischer Rationalismus vs. Ethischer Intuitionismus

Hume weist mit Nachdruck auf die Wirklichkeit moralischer Unterscheidungen hin, insbesondere auf die Unterscheidung zwischen Recht und Unrecht und zwischen wertvollen und wertlosen Handlungen. Wer solche Unterschiede leugnen wolle, sei entweder ein verbohrter Prinzipienreiter oder ein unaufrichtiger Sophist bzw. Skeptiker. Angesichts der zahlreichen philosophischen Kontroversen, die vor und zu Humes Zeit stattgefunden haben, stellt sich die Frage, „ob die Moral aus der *Vernunft* oder aus dem *Gefühl* herzuleiten sei, ob wir durch eine Kette von Beweisen und durch Induktion zu ihrer Erkenntnis gelangen, oder durch ein unmittelbares Gefühl und einen feineren inneren Sinn". Als Argumente für die erstere Position, den sog. *ethischen Rationalismus*, führt Hume an, dass in moralischen Streitfragen häufig argumentiert und bewiesen wird. Es geht also anscheinend darum, die *Wahrheit* aufzudecken, d. h. eine Domäne der *Vernunft*:

> Bei jeder Kriminalverhandlung ist es das erste Bestreben des Angeklagten, den behaupteten Tatbestand zu widerlegen und die ihm zur Last gelegten Handlungen zu bestreiten. In zweiter Linie sucht er den Nachweis zu führen, dass diese Handlungen, selbst wenn sie wirklich geschehen wären, als unbedenklich und gesetzmäßig zu rechtfertigen sein würden. Der erste Punkt wird anerkanntermaßen durch Deduktionen des Verstandes entschieden; wie können wir annehmen, dass zur Erledigung des zweiten ein anderes geistiges Vermögen zur Anwendung käme?

Für die Gegenposition, den *ethischen Intuitionismus*, lässt sich dagegen vorbringen, dass es der Tugend eigentümlich sei, „liebenswürdig" zu sein, dem Laster hingegen „hassenswert". Deshalb wird eine tugendhafte Handlung nicht durch den Verstand als solche erkannt, sondern durch „die ursprüngliche Struktur und Gestaltung des menschlichen Bewusstseins" als solche *empfunden*. Weiterhin lässt sich angeblich Moral nur lehren durch „zutreffende Schilderungen von der Hässlichkeit des Lasters und der Schönheit der Tugend".

Hume will keine Entscheidung zwischen beiden Positionen treffen, sondern deutet an, dass vermutlich beide irgendwie Recht haben. Er schlägt stattdessen vor, zunächst den wahren Ursprung der Moral zu ermitteln. Dabei schwebt ihm folgende Methode vor: Man soll den ganzen Katalog der wertenden Begriffe durchforsten, „jedes geistige Merkmal ins Auge fassen, das einen Menschen zum Gegenstand der Achtung und Zuneigung, oder aber des Hasses und der Verachtung macht"; anschließend soll das Besondere beobachtet werden, „worin die schätzenswerten Eigenschaften einerseits, die tadelnswerten andererseits übereinstimmen, [um] von da aus die Grundlage der Ethik zu gewinnen und die allgemeinen Prinzipien festzustellen, aus denen letztlich alle Billigung und Missbilligung herstammt".
Diese *induktive* Methode – vom empirisch gegebenen Material hin zu einer passenden Verallgemeinerung – sei im vorliegenden Fall adäquater als die umgekehrte *hypothetisch-deduktive* Methode, die Hume als Verfahren charakterisiert, bei dem man zunächst ein allgemeines abstraktes Prinzip aufstellt und dann daraus einzelne Schlüsse und Folgerungen zieht. Diese Unterscheidung spielt übrigens auch in der zeitgenössischen Wissenschaftstheorie noch eine wichtige Rolle. Als Hauptvertreter der sog. induktiven Logik (im 20. Jahrhundert) gilt etwa Rudolf Carnap (1891–1970, siehe unten links); als wichtigster Protagonist der hypothetisch-deduktiven Methode Karl Popper (1902–1994, siehe rechts).

Das Wohlwollen

Als „wohlwollendere oder sanftere" Gefühle nennt Hume die Attribute *gesellig, gutmütig, menschlich, barmherzig, dankbar, freundlich, großzügig* und *wohltätig*. Diese Prädikate bezeichnen überall „das höchste Verdienst, das die menschliche Natur zu erreichen imstande ist". Hume charakterisiert diese Eigenschaften auch als *soziale Tugenden*.

> Wir können bemerken, dass in der lobenden Darstellung eines menschenfreundlichen, wohlwollenden Menschen *ein* Umstand immer ganz besonders hervorgehoben wird, nämlich das Glück und die Befriedigung, die der Gesellschaft aus dem Umgang mit ihm und aus seinen guten Diensten erwachsen.

Mit dieser Feststellung steuert Hume auf sein Hauptargument zu, dass nämlich der eigentliche Grund für die Wertschätzung der sozialen Tugenden in ihrem *Nutzen für die Gesellschaft* liegt. Damit befindet sich Hume in deutlicher Nähe zu einer utilitaristischen Ethik.

Hume weist darauf hin, dass in dem Begriff ‚nützlich' per se etwas Positives steckt, das entsprechend auch auf andere Lebensbereiche übertragen werden kann. So bezeichnen wir einzelne Tiere und Pflanzen als nützlich; wir sprechen von nützlichen Geräten, Möbeln oder Maschinen, und ebenso von nützlichen Berufen. Ganz allgemein habe man bei „allen Bestimmungen der Sittlichkeit" primär den „Umstand des öffentlichen Nutzens im Auge". Hand in Hand mit dieser utilitaristischen Ausrichtung ist aber auch eine konsequentialistische Perspektive zu berücksichtigen:

> Gewöhnlichen Bettlern Almosen zu geben, wird üblicherweise gelobt, da es den Notleidenden und Bedürftigen Erleichterung zu bringen scheint; aber sobald wir bemerken, dass dadurch Faulheit und Ausschweifung gefördert werden, halten wir diese Form der Barmherzigkeit eher für eine Schwäche als für eine Tugend. Der *Tyrannenmord* [...] wurde in alten Zeiten hochgepriesen, denn er befreite die Menschheit von vielen dieser Ungeheuer [...]. Aber da Geschichte und Erfahrung uns seitdem überzeugt haben, dass eine solche Gewohnheit den Argwohn und die Grausamkeit der Fürsten vergrößert, gelten heute [Tyrannenmörder wie] ein Timoleon und ein Brutus [...] als höchst ungeeignete Beispiele zur Nachahmung.

Die Gerechtigkeit

Hume hält es trivialerweise für wahr, dass die Gerechtigkeit *nützlich* für die Gesellschaft ist. Weniger trivial sei aber der Nachweis, dass der öffentliche Nutzen der *alleinige* Ursprung von Gerechtigkeit ist. Zur Begründung dieser These entwirft Hume die Fiktion eines *Paradieses*:

Nehmen wir an, die Natur habe die Menschen mit einem so reichlichen Überfluss an allen äußerlichen Annehmlichkeiten ausgestattet, dass jeder einzelne, ohne Unsicherheit vor der Zukunft und ohne Sorge oder Anstrengung unsererseits, sich vollständig mit dem ausgestattet findet, was sein unersättlichster Appetit fordern oder seine üppigste Phantasie wünschen oder begehren kann. Seine natürliche Schönheit, nehmen wir an, übertrifft allen künstlichen Schmuck; die beständige Milde der Jahreszeiten macht jede Bekleidung oder Bedeckung überflüssig; die wilden Kräuter versorgen ihn mit der wohlschmeckendsten Nahrung; die klare Quelle mit dem köstlichsten Getränk. Keine mühselige Arbeit ist nötig; kein Ackerbau; keine Schifffahrt. Musik, Dichtung und beschauliches Nachdenken sind seine einzige Beschäftigung; Gespräch, Heiterkeit und Freundschaft seine einzige Unterhaltung.

In einem solchen Zustand, meint Hume, würde zwar jede andere soziale Tugend blühen, nicht aber jene der *Gerechtigkeit*. Denn Gerechtigkeit hängt primär mit Güterverteilung und Eigentum zusammen. Doch: „Welchen Sinn hätte eine Güterteilung, wenn jeder schon übergenug besitzt?" Zur Bestätigung dieser Auffassung weist Hume darauf hin, dass niemand Besitzansprüche auf Wasser oder Luft erhebt, obgleich sie die allerunentbehrlichsten Dinge sind. Und in „fruchtbaren, weit ausgedehnten Ländern mit dünner Bevölkerung wird der Grund und Boden ebenso behandelt". Außerdem führt Hume an, dass Gerechtigkeit nur insofern notwendig ist, als die Menschen von Natur aus – zumindest partiell – *egoistisch* veranlagt sind. Wäre die Welt von perfekten Altruisten bevölkert, von denen jeder jedem anderen gegenüber

die innigste Liebe empfindet und auf sein eigenes Interesse nicht mehr bedacht ist als auf das seiner Nächsten [..., dann wäre] der Nutzen der Gerechtigkeit durch ein so umfassendes Wohlwollen aufgehoben. [...] Unter dieser Voraussetzung wäre jeder Mensch dem anderen ein zweites Ich [...]. Und die ganze Menschheit bildete eine einzige Familie, wo allen alles gemeinsam gehörte und frei zu gebrauchen wäre, ohne Rücksicht auf Eigentum.

In der realen Welt gilt nach Hume zumindest, dass sich der Eigentumsunterschied zwischen einzelnen Menschen umso mehr verwischt, je stärker das gegenseitige Wohlwollen ist. Und er bemerkt in Antizipation moderner Kommunen und Wohngemeinschaften treffend:

> Und man kann beobachten, dass im Eifer eines neuen Enthusiasmus, wenn jedes Prinzip auf die Spitze getrieben wird, oftmals eine Gütergemeinschaft versucht wurde; und nur die Erfahrung ihrer Schwierigkeiten, aufgrund des wiederkehrenden oder nur verdeckten Egoismus der Menschen, konnte die unklugen Fanatiker dazu bewegen, wiederum die Ideen von Gerechtigkeit und von Privateigentum aufzugreifen:

Die These, dass der Vorzug der Gerechtigkeit einzig auf ihrem gesellschaftlichen Nutzen beruht, stützt Hume auch durch die Betrachtung von extremen Notsituationen wie Schiffbruch, Hungersnot oder Raubüberfälle, in denen „die strengen Gesetze der Gerechtigkeit außer Kraft treten und den stärkeren Motiven der Notwendigkeit und der Selbsterhaltung Platz machen". Über Kriege äußert sich Hume in diesem Zusammenhang wie folgt:

> Das Wüten und die Gewalttätigkeit des Bürgerkrieges; was ist das anderes als die Aufhebung der Gerechtigkeit zwischen den kriegführenden Parteien, die erkennen, dass diese Tugend für sie nicht länger von irgendeinem *Nutzen* oder *Vorteil* ist? Die Kriegsgesetze, die dann an die Stelle jener der Fairness und Gerechtigkeit treten, sind Regeln, die dem *Vorteil* oder dem *Nutzen* der besonderen Lage dienen sollen, in der sich die Menschen nun befinden. Und wäre eine zivilisierte Nation in einen Krieg mit Barbaren verwickelt, die nicht einmal Kriegsgesetze anerkennen, so müsste auch sie aufhören, dieselben zu befolgen, da sie in diesem Fall zwecklos geworden sind; und sie müsste jeden Kampf und jeden Zusammenstoß für die ersten Angreifer so blutig und verderblich als möglich machen.

Nach der Betrachtung solcher Extremsituationen beleuchtet Hume kurz das normale Leben:

> Wir sind von Natur aus für uns und unsere Freunde voreingenommen, sind aber fähig, den Vorteil zu erkennen, der sich aus einem unparteiischeren Verhalten ergibt. Nur wenige Genüsse spendet uns die Natur mit offener und freigebiger Hand; aber durch Geschicklichkeit, Mühe und Fleiß können wir sie in reicher Fülle gewinnen. Dadurch aber werden die Eigentumsideen für jede bürgerliche Gemeinschaft unentbehrlich; von hier leitet die Gerechtigkeit ihre Nützlichkeit für die Allgemeinheit ab; und darauf allein beruht ihr Wert und ihre moralisch verpflichtende Kraft.

Exkurs: Thomas Hobbes (1588–1679)

In seinem Hauptwerk *Leviathan* versucht Hobbes, moralische Handlungsweisen als *vernünftige* Folgerungen einer im Grunde egoistischen Natur des Menschen auszuweisen. Im „Naturzustand" gibt es noch keine moralischen Verbote oder Beschränkungen; im Prinzip ist jedem alles erlaubt. Hobbes prägt hier den bekannten Ausdruck eines *Krieges aller gegen alle* und erläutert:

> Bei dem Kriege aller gegen alle kann auch nichts ungerecht genannt werden. In einem solchen Zustande haben selbst die Namen ‚gerecht' und ‚ungerecht' keinen Platz. Im Kriege sind Gewalt und List Haupttugenden; und weder Gerechtigkeit noch Ungerechtigkeit sind notwendige Eigenschaften des Menschen [...]. Eben daraus ergibt sich ferner, dass es in einem solchen Zustande keinen Besitz, kein Eigentum, kein Mein und Dein gibt, sondern was jemand erworben hat, gehört ihm, solange er es sich zu sichern imstande ist.

Erst die Einsicht in die Vorzüge kooperativen, friedlichen Zusammenlebens kann die Menschen dazu bewegen, sich aus dem Naturzustand zu befreien. Konkreter postuliert Hobbes als „allgemeine Regel der Vernunft":

> *Suche Frieden, solange nur Hoffnung darauf besteht; verschwindet diese, so schaffe dir von allen Seiten Hilfe und nutze sie; dies steht dir frei.* Der erste Teil dieser Regel enthält das erste natürliche Gesetz: *Suche Frieden und jage ihm nach;* der zweite [den] Inbegriff des Naturrechts: *Jeder ist befugt, sich durch Mittel und Wege aller Art selbst zu verteidigen.*
> Aus diesem ersten natürlichen Gesetz ergibt sich das zweite: *Sobald seine Ruhe und Selbsterhaltung gesichert ist, muss auch jeder von seinem Recht auf alles – vorausgesetzt, dass andere dazu auch bereit sind – abgehen und mit der Freiheit zufrieden sein, die er den übrigen eingeräumt wissen will.* Solange er sich aber das Recht, alles zu tun, was er will, vorbe-

hält, dauert auch der Krieg; weigern sich indes die übrigen, ihren Rechten auf alles zu entsagen, so darf er auch von seinen nicht abgehen [...]. Und ebendas lehren auch die Worte des Evangeliums: ‚*Was ihr wollt, dass euch die Leute tun sollen, das tut ihr ihnen auch*'; sowie die des allgemein bekannten Sprichwortes: ‚*Was andere dir nicht tun sollen, tue ihnen auch nicht!*'

Das letztere Grundprinzip moralischen Handelns bezeichnet man heutzutage übrigens als *Goldene Regel*. Sie ist eng verwandt mit der bereits in der Antike bekannten Maxime „Neminem laede": *Schade niemandem!*

Humes Kritik

In den *Prinzipien der Moral* setzt Hume sich knapp mit Hobbes' Theorie auseinander und kritisiert sie als eine philosophische Fiktion:

> Im Urzustand der Menschheit, sagt man uns, waren Unwissenheit und Wildheit so übergroß, dass man sich gegenseitig kein Vertrauen schenken konnte, sondern sich jeder auf sich selbst und auf seine eigene Kraft und Schlauheit verlassen musste, wenn es galt, sich zu schützen und abzusichern. Von Gesetzen hatte man nichts gehört; eine Gerechtigkeitsregel war unbekannt; kein Eigentumsunterschied wurde beachtet; und ein immerwährender Krieg aller gegen alle war die Folge der ungezähmten Selbstsucht und Grausamkeit der Menschen.

Hume merkt an, dass die *Idee* des Naturzustandes schon von Plato und von Cicero beschrieben worden sei. Er bezweifelt jedoch, dass im Menschengeschlecht jemals ein solcher Zustand geherrscht habe, wie Hobbes ihn ausmalt, denn Menschen „werden notwendigerweise zumindest in eine Familiengesellschaft hineingeboren und von ihren Eltern zu gewissen Formen des Betragens und Benehmens angehalten". Im Übrigen teilt er aber Hobbes' Ansicht, dass Regeln der Gerechtigkeit im Prinzip immer nur zwischen Gleich-Starken bzw. Gleich-Berechtigten bestehen können. Etwas weitschweifig nimmt er an, es gäbe

> […] eine Art von Wesen, zwar mit Verstand begabt, uns aber sowohl an körperlichen als auch an geistigen Fähigkeiten dermaßen unterlegen, dass sie zu überhaupt keinem Widerstand fähig wären […] dann scheint mir die notwendige Konsequenz die zu sein, dass wir [zwar] durch die Gesetze der Menschlichkeit verpflichtet sind, diese Wesen gütig zu behandeln; aber streng genommen wären uns von der Gerechtigkeit her keine Schranken ihnen gegenüber auferlegt […]. Unser Umgang mit ihnen wäre nicht ‚gesellschaftlich' zu nennen, da ein solcher einen Grad von Gleichheit voraussetzt; sondern es bestünde absolute Herrschaft auf der einen und sklavischer Gehorsam auf der anderen Seite.

In einem *so* ungleichen Bund, so schließt das Gedankenexperiment, hätten die Schranken von Gerechtigkeit und Eigentum, da sie vollkommen *nutzlos* sind, niemals einen Platz. Eben ein solches Ungleichgewicht charakterisiert aber nicht nur – wie Hume offenbar ohne Skrupel erklärt – „die Situation der Menschen den *Tieren* gegenüber", sondern anscheinend auch das Verhältnis der „zivilisierten *Europäer*" gegenüber den „barbarischen *Indianern*" sowie – man staune – das Verhältnis von *Mann* und *Frau*!

Noch einmal: War Hume ein Speziesist, Rassist und Sexist?

Im ersten Teil dieses Buches hatten wir schon die Frage gestellt, ob bzw. inwieweit Hume ein *Rassist* war. Immerhin behauptete er in dem Essay *Of Natural Characters*, „dass die Neger und überhaupt alle sonstigen Arten von Menschen […] von Natur aus *minderwertiger* sind als die Weißen." Deshalb scheint die Vermutung naheliegend, Hume habe eine „absolute Herrschaft" der „zivilisierten Europäer" über die amerikanischen Ureinwohner und damit auch eine Versklavung der „Neger" gutheißen wollen. Bevor man einen derart gravierenden Vorwurf erhebt, sollte man sich die entsprechenden Textpassagen aber ganz genau anschauen.

Die im zitierten Gedankenexperiment beschriebene Überlegenheit „sowohl an körperlichen als auch an geistigen Fähigkeiten" existiert laut Hume „ganz offensichtlich" in Bezug auf *Mensch und Tier*. In der Terminologie von Peter Singers *Praktische Ethik* war Hume also auf jeden Fall ein „Speziesist". Anders als für Descartes oder Malebranche, die Tiere für seelenlose Maschinen hielten, folgt für Hume jedoch keineswegs, dass man Tiere deshalb bedenkenlos quälen und töten dürfe.

Nicolas Malebranche (1638 –1715) war ein französischer Philosoph.

In den *Grundlagen der Moral* erklärt Hume es zumindest für *möglich*, dass Tiere denken und fühlen, und er will es Fachleuten überlassen, zu entscheiden, „wieweit man von ihnen sagen könnte, dass sie einen Verstand besitzen". Im Frühwerk des *Traktats* hatte er noch viel forscher über die mentalen Fähigkeiten von Tieren geurteilt und es als unbestreitbar dargestellt, dass „Liebe und Hass allen empfindenden Kreaturen gemeinsam sind", dass die „Liebe der Tiere" sich über die Grenzen der eigenen Art hinaus erstreckt und „beinahe alle empfindenden und denkenden Wesen" umfasst. Ja, Hume sprach sogar vom einem „Beweis" dafür, „dass Tiere ein Bewusstsein von dem Schmerz und der Freude anderer Tiere haben".

Schließlich behauptet er in dem Essay *Über die Unsterblichkeit der Seele* klipp und klar: „Es steht außer Zweifel, dass die Tiere fühlen, denken, lieben, hassen, wollen und sogar überlegen, wenn auch in einer weniger vollkommenen Weise als die Menschen." So oder so muss man gemäß den (oben zitierten) Gesetzen der Menschlichkeit Tiere auf jeden Fall human bzw. „gütig" behandeln.

Hinsichtlich des Verhältnisses von Weißen und Nicht-Weißen wollte Hume natürlich keineswegs behaupten, dass letztere den ersteren „sowohl an körperlichen als auch an geistigen Fähigkeiten" völlig unterlegen seien. Seine rassistische These lautete „nur", dass es nie „ein zivilisiertes Volk gab noch auch nur einen im Handeln oder Denken bedeutsamen Einzelnen von anderer als weißer Hautfarbe." Daraus folgt aber mitnichten, dass Hume Gräueltaten gegenüber „Indianern" oder eine Versklavung der „Neger" gutgeheißen hätte. Erstens gilt selbstverständlich auch für Nicht-weiße das Gebot einer humanen Behandlung. Zweitens scheint Hume – zwischen den Zeilen – die Position einiger Zeitgenossen zu kritisieren, wenn er ausführt:

> The great superiority of civilized Europeans above barbarous Indians, tempted us [!] to imagine ourselves on the same footing with regard to them, and made us throw off all restraints of justice, and even of humanity, in our treatment of them.

Dass es *moralisch* falsch war, „alle Schranken der Gerechtigkeit und selbst der Menschlichkeit fallenzulassen", versteht sich (für Hume) von selbst. Ebenso scheint es für Hume ein *klares Fehlurteil* gewesen zu sein, das Verhältnis von Weißen zu Nicht-Weißen auf die gleiche Stufe zu stellen wie das von Mensch zu Tier. Zu einem solchen Fehlurteil wurden die „zivilisierten Europäer" möglicherweise aufgrund früherer Erfahrungen mit „barbarischen Indianern" verführt, aber es ist und bleibt ein Fehlurteil.

Was schließlich das Verhältnis von Mann und Frau betrifft, so distanziert sich Hume von vornherein von jeder Form von Chauvinismus, wenn er anmerkt:

> Bei vielen Völkern sind die Frauen einer ähnlichen Sklaverei unterworfen und wurden, im Unterschied zu ihren herrischen Gebietern, für unfähig erklärt, irgendein Eigentum zu besitzen.

Allein die Wahl des stark negativ besetzten Ausdrucks ‚Sklaverei' macht deutlich, wie Hume die Unterdrückung der Frauen moralisch bewertet. Diese Bewertung wird im nachfolgenden Satz noch unterstrichen, wenn Hume darauf hinweist, dass die Männer diese Willkürherrschaft („this severe tyranny") nur aufgrund ihrer größeren körperlichen Stärke gegenüber dem ‚schwachen' Geschlecht behaupten konnten. Zum Glück, so fügt Hume hinzu, schaffen es die Frauen aufgrund ihres „einschmeichelnden, gewandten und bezaubernden Wesens", das Komplott der Männer zu durchbrechen und „alle Rechte und Privilegien" mit diesen zu teilen. Allerdings soll nicht verschwiegen werden, dass Hume es für eine schlichte Tatsache hielt, dass Frauen gegenüber Männern nicht nur körperlich, sondern auch geistig unterlegen sind. In den Überlegungen *Über die Unsterblichkeit der Seele* heißt es lakonisch: „Ihr häusliches Leben verlangt weder höhere geistige noch körperliche Fähigkeiten".

Hume über Eigentum

Das Prinzip der Gerechtigkeit impliziert für Hume keineswegs eine absolute *Gleichverteilung* der materiellen Güter. Die Idee einer völligen Gleichheit erscheint ihm nicht nur praktisch undurchführbar, sie wäre auch äußerst *schädlich* für die menschliche Gesellschaft:

> Wie gleichmäßig Eigentum auch verteilt sein mag, der unterschiedliche Grad an Geschicklichkeit, Sorgfalt und Fleiß wird diese Gleichheit sofort durchbrechen. Hindert man aber die Entwicklung dieser Tugenden, so drückt man die Gesellschaft auf das Niveau äußerster Armut herab. [...] Vollkommene Gleichheit an Besitz führt [...] zu weitestgehender Schwächung der Autorität der Obrigkeit und muss, ebenso wie das Eigentum, auch alle Macht nahezu restlos nivellieren.

Hume plädiert allerdings dafür, dass alles, „was durch die Geschicklichkeit oder den Fleiß eines Menschen erzeugt oder vervollkommnet wurde, ihm für immer gehören sollte"; ferner, dass sich das Eigentum auch auf Kinder und Verwandte vererben sollte; und dass es schließlich auch „durch Vereinbarung übertragen werden darf, um den für die menschliche Gesellschaft so *segensreichen* Handel und Verkehr zu schaffen". Hume gibt zu, dass die Frage *Was ist Eigentum eines Menschen?* keineswegs einfach und definitiv beantwortet werden kann, sondern eine komplexe Berücksichtigung der Rechtsverhältnisse, Gewohnheiten, Präzedenzfälle, Analogien „und hundert andere Umstände" erfordere. Er betont aber, dass Eigentum für das Wohl der Menschen und den Bestand der Gesellschaft schlechthin *unentbehrlich* sei, und er weist die Hypothese zurück, „dass Eigentum [...] durch einen einfachen, ursprünglichen Instinkt unterschieden und nicht durch irgendwelche Argumente oder Überlegungen ermittelt wird". Laut Hume haben wir keinen angeborenen Eigentumssinn; unsere Ansichten zu Eigentum und Gerechtigkeit werden vielmehr anerzogen und dann im Laufe des Lebens ganz ‚instinktiv', ohne weitere Überlegungen, angewandt.
Nachdem Hume somit hinreichend begründet zu haben glaubt, dass der Nutzen für die Gesellschaft die einzige Basis der Tugend der *Gerechtigkeit* sei, schließt er per Analogie, dass sozialer Nutzen auch die Basis jeder anderen Tugend darstelle, d. h. „der Treue, der Gerechtigkeit, der Wahrhaftigkeit, der Unbestechlichkeit und alle[r] übrigen schätzenswerten und nützlichen Eigenschaften".

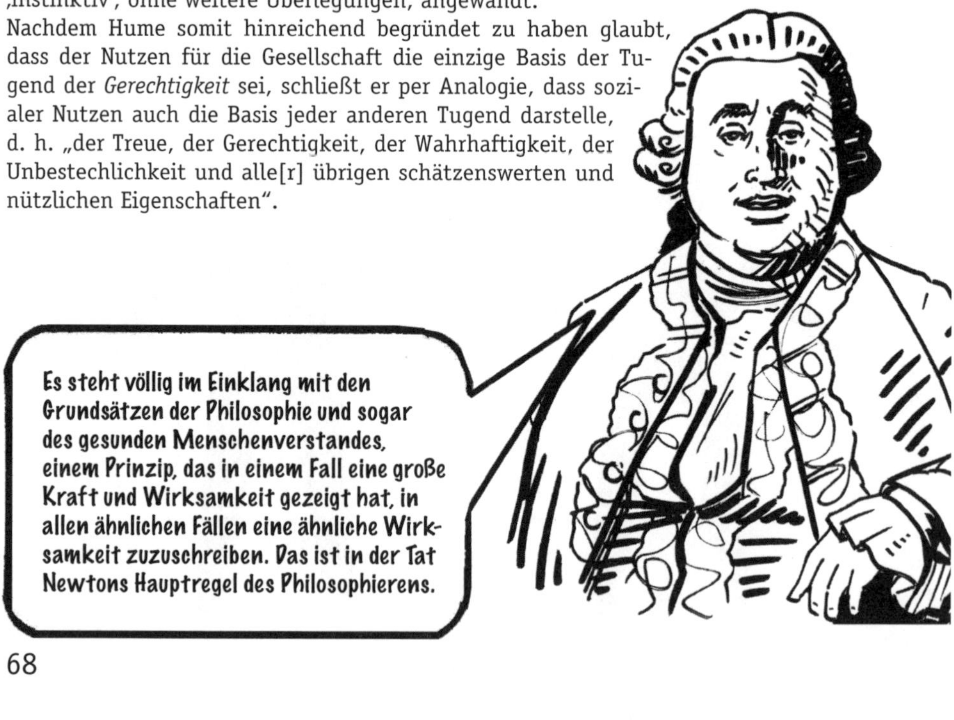

Die staatliche Gemeinschaft

Laut Hume schränkt die staatliche Ordnung die individuelle Freiheit ein; deshalb gäbe es sie nicht, wenn sie nicht der Gesellschaft den *Vorteil* der Wahrung von Frieden und Ordnung verschaffen würde. Ähnlich verhält es sich mit dem Völkerrecht, das als eine Bestimmung angesehen wird, die den einzelnen Nationen zum Vorteil gereicht. Während das Individuum jedoch auf die Gesellschaft unbedingt angewiesen ist, muss eine Nation nicht unbedingt auf die Kooperation mit anderen angewiesen sein. „Die Wahrung der Gerechtigkeit unter Völkern wird, obwohl sie gegenseitigen Nutzen bringt, durch keine so dringende Notwendigkeit geschützt wie bei Individuen, und die *moralische Verpflichtung* steht im direkten Verhältnis zum *Nutzen*." Daraus folgt für Hume insbesondere, dass ein Staat z. B. einen Vertrag brechen darf, „wenn dessen strikte Einhaltung für einen der beiden Vertragspartner einen erheblichen Nachteil mit sich brächte"!

Sexualmoral

Im vierten Abschnitt der *Prinzipien der Moral*, der eigentlich dem Thema der *staatlichen Gesellschaft* gewidmet ist, kommt Hume etwas überraschend auf die Frage der *ehelichen Gemeinschaft* und insbesondere der sexuellen Treue zu sprechen:

> Die lange und hilflose Unmündigkeit des Kindes macht das Zusammenwirken der Eltern für die Erhaltung ihrer Nachkommenschaft erforderlich, und dieses Zusammenwirken wieder hat die Tugend der Keuschheit oder ehelichen Treue zur Voraussetzung.

Aus dieser Prämisse folgert Hume in einem kühnen Schluss, dass eine Untreue auf diesem Gebiet bei *Frauen* viel schädlicher als bei *Männern* sei: „Darum sind auch die Keuschheitsgesetze für das eine Geschlecht viel strenger als für das andere"!

Gegen den Einwand, mit der genannten Begründung ließe sich nicht rechtfertigen, dass Treue auch noch für Frauen jenseits des gebärfähigen Alters gelten soll, führt Hume aus, „dass das Beispiel der Alten schädlich für die Jungen wäre, und dass Frauen, die beständig vor Augen hätten, dass ihnen ein bestimmter Zeitpunkt ungehemmte Freiheit bringen werde, natürlicherweise diesen Termin beschleunigen und über diese ganze, für die Gesellschaft so notwendige Pflicht leichtfertiger denken würden". Dieses Thema lag Hume anscheinend sehr am Herzen. In Abschnitt 6 des gleichen Werks, der sich mit den „Eigenschaften, die uns selbst nützlich sind" beschäftigt, geht er noch einmal auf sexuelle Untreue bei Mann und Frau ein. Ausgehend von der These, dass *Ehrlichkeit, Treue* und *Wahrhaftigkeit* wegen ihrer unmittelbaren Tendenz gelobt werden, die Interessen der Gesellschaft zu fördern, erklärt Hume die *„Hauptquelle* des heftigen Tadels, der bei jedem Verstoß erhoben wird, den Frauen gegen die *Keuschheit* begehen", wie folgt:

> Die größte Hochachtung, die dieses Geschlecht erlangen kann, gründet sich auf ihre Treue; und eine Frau, die es daran mangeln lässt, wird gemein und niedrig, sie verliert ihre Würde und ist jeder Beleidigung preisgegeben. Das kleinste Vergehen reicht hier aus, ihren Ruf zu zerstören. Eine Frau hat so viele Gelegenheiten, diesen Begierden heimlich nachzugehen, dass nichts als ihre unbedingte Schamhaftigkeit und Zurückhaltung uns Sicherheit geben kann; und ist einmal ein Fehltritt geschehen, so kann er kaum je wieder ganz gutgemacht werden. Wenn ein Mann sich bei *einer* Gelegenheit feige benimmt, kann ein entgegengesetztes Verhalten sein Ansehen wiederherstellen. Aber durch welche Handlung kann eine Frau, die sich einmal ausschweifend benommen hat, uns dessen vergewissern, dass sie bessere Vorsätze gefasst hat und Selbstbeherrschung genug besitzt, diese zur Ausführung zu bringen?

Mit dieser Auffassung, dass sexuelle Untreue von Seiten der Frau wesentlich schlimmer sei als von Seiten des Mannes, steht Hume übrigens nicht alleine da. Wie der Theologe Johannes Gründel (1984–1150) ausführte, wurde bereits im Alten Testament eine Doppelmoral gebilligt, der zufolge

> die Frau unter weitaus strengeren sittlich-strafrechtlichen Normierungen [stand] als der Mann. Letzterer brach keineswegs seine Ehe, wenn er sich als Verheirateter mit einer unverheirateten Frau sexuell einließ – Ehebruch war für den Mann nur dort gegeben, wo er sich die Frau eines anderen zum Weibe nahm. [...] Die Frau jedoch brach mit jeder außerehelichen sexuellen Beziehung – auch mit der eines Unverheirateten – *ihre* Ehe.

Inzest

Zur Frage des Inzests, d. h. des Geschlechtsverkehrs zwischen engen Blutsverwandten, äußertesich Hume knapp wie folgt:

> Diejenigen, die in derselben Familie leben, haben so häufig Gelegenheit für Zügellosigkeiten dieser Art, dass nichts die Reinheit der Sitten bewahren könnte, wenn die Heirat zwischen nächsten Verwandten erlaubt oder irgendein Geschlechtsverkehr zwischen ihnen durch Gesetz und Gewohnheit gebilligt würde. Daher gilt Inzest, weil er in äußerst hohem Maße *schädlich* ist, auch als besonders verwerflich und moralisch hässlich.

Auf die *Gründe* für die Schädlichkeit geht Hume leider nicht näher ein. Vielleicht sind es die gleichen Überlegungen, die auch Immanuel Kant zur moralischen Verurteilung des Inzests führten. In den *Vorlesungen über Moralphilosophie* aus der Zeit um 1774 heißt es:

> Die Moralische[n] Gründe in Ansehung des Incests, sind nur in einem einzigen Fall unbedingt, in andern Fällen sind sie nur bedingt. So ist der Incestus zwischen Bruder und Schwester nur bedingt [...]: Im Staat ist es nicht erlaubt, aber in der Natur ist es kein Incestus, denn die ersten Menschen müßten auch die ersten Geschwister geheyrathet haben. Allein die Natur hat [...] von selbst schon die Neigung gegen die Geschwister eingeschränkt. [...] Der einzige Fall [...], wo die Moralischen Gründe, in Ansehung des Incestus unbedingt sind, ist die Gemeinschaft der Eltern mit den Kindern; denn in Ansehung dieser 2 Theile ist eine Achtung nöthig, die auch durch das ganze Leben dauern muß. Die Achtung schließt aber die Gleichheit in Ansehung des Geschlechts aus. [...] In der Geschlechter-Gemeinschaft ist die größte Unterwürfigkeit beyder Personen, zwischen Eltern und Kindern ist aber nur die Unterwürfigkeit einseitig, die Kinder sind nur den Eltern unterworfen, also ist keine Gemeinschaft.

Im Klartext bedeutet dies: Geschlechtsverkehr zwischen *Geschwistern* ist (1) von Staats wegen verboten, (2) der Sache bzw. der Natur nach aber erlaubt, weil es (zur Aufrechterhaltung der Spezies Mensch) in grauer Urzeit unumgänglich war, dass sich „die ersten Menschen" mit den „ersten Geschwistern" gepaart haben. (3) Geschlechtsverkehr zwischen *Eltern und Kindern* hingegen ist absolut unmoralisch, weil in einer Geschlechtsbeziehung beide Partner *gleichberechtigt* sein sollen, während die Beziehung der „Unterwürfigkeit" von Kind zu Elternteil das ganze Leben lang einseitig besteht. Die klassische Liebesbeziehung zwischen Ödipus und Iocaste wäre nach Kant also deshalb unmoralisch, weil Ödipus Iocaste immer als Mutter achten und ihr „unterwürfig" sein müsse, sie somit nie als gleichberechtigte Geliebte oder Ehefrau behandeln dürfe!

Egoismus vs. Altruismus

Der fünften Abschnitt der *Prinzipien der Moral* beschäftigt sich mit der Frage, „Warum die Nützlichkeit gefällt". *Dass* die Nützlichkeit gefällt, folgt für Hume u. a. daraus, dass kein Mensch ein höheres Lob erhalten kann, „als wenn man die Nützlichkeit seines Wirkens für die Öffentlichkeit hervorhebt". *Warum* die Nützlichkeit gefalle, sei hingegen schwer zu erklären und jedenfalls der Philosophie bislang noch nicht gelungen. Insbesondere hält Hume die These, dass alle moralischen Unterscheidungen auf *Erziehung* beruhen, für falsch. Die sozialen Tugenden haben „eine natürliche Schönheit und Liebenswürdigkeit [...], die sie von vornherein, vor aller Vorschrift und Erziehung, dem unbefangenen Menschen schätzenswert erscheinen lässt".

Etwas ausführlicher untersucht Hume sodann die Frage, ob die Wertschätzung der Gerechtigkeit und Nützlichkeit letztendlich auf *egoistischen* Überlegungen beruht. Da der Mensch auf eine Gesellschaft angewiesen ist, findet er im eigenen Interesse alles gut, was die Ordnung innerhalb der Gesellschaft fördert. Obwohl Hume zugesteht, dass ein solcher Gedanke auch von Polybius, einem „der ernsthaftesten und urteilsfähigsten, aber auch sittlich höchststehenden Schriftsteller des Altertums" vertreten wurde, meint er, „das Votum der Natur und der Erfahrung" widerspräche dieser Theorie des Eigennutzes. Zum einen würden wir auch tugendhafte Handlungen aus längst vergangenen Zeiten und entfernten Ländern rühmen, deren Beispiel keinerlei erkennbaren Einfluss auf unser gegenwärtiges Selbstinteresse haben. Zum anderen löst auch eine großmütige, tapfere, edle Tat, die ein Gegner vollbracht hat, unsere Billigung aus, obwohl sie in ihren Folgen unserem persönlichen Interesse möglicherweise widerspricht. Hume bietet stattdessen folgende Erklärung an: Die Nützlichkeit einer Handlung bedeutet, dass sie für *irgendjemanden,* nicht unbedingt für mich selbst, von Vorteil ist. „Es muss mithin das Interesse derer sein, denen durch [...] die Handlung, die wir billigen, ein Dienst erwiesen wird; und diese Menschen [...] sind uns nicht gänzlich gleichgültig, mögen sie uns auch noch so fern stehen". Demnach ist der *Altruismus* die Hauptquelle für alle moralischen Unterscheidungen.

Dass wir alle eine gewisse Menschenliebe bzw. ein Mitgefühl für andere empfinden, ist quasi ein Grundaxiom von Humes Moralphilosophie. Allerdings kann der Altruismus bei den einzelnen Menschen sehr unterschiedlich ausgeprägt sein. Außerdem ist die Menschenliebe „weit schwächer als Selbstliebe, und Sympathie für Fernstehende wieder weit schwächer als die für unsere Nächsten". Unsere Urteilskraft kann jedoch diese gefühlsmäßigen Vorurteile, so wie wir ja auch bei der visuellen Wahrnehmung ein Objekt nicht als kleiner bezeichnen, nur weil es weiter von uns entfernt wird, und sein Wahrnehmungsbild auf der Netzhaut de facto kleiner geworden ist. Etwas Analoges passiert laut Hume bei moralischen Urteilen:

> [Zwar] erzeugt eine kleine, uns selbst oder unseren nächsten Freunden erwiesene Aufmerksamkeit lebhaftere Gefühle der Liebe und Zustimmung als eine große Wohltat, die einer entfernten Gemeinschaft erwiesen wird. Dennoch sind wir, wie bei allen sinnlichen Wahrnehmungen, auch hier fähig, durch Reflexion diese Ungleichheiten zu korrigieren und an einem allgemeinen Maßstab von Laster und Tugend festzuhalten, der hauptsächlich auf der allgemeinen Nützlichkeit basiert.

Im neunten und letzten Abschnitt der *Prinzipien der Moral* werden die Grundgedanken noch einmal zusammengefasst. Es ist für Hume absolut klar, dass persönliches Ansehen gänzlich in dem Besitz charakterlicher Eigenschaften besteht, die *der Person selbst oder anderen nützlich* oder *angenehm* sind. Daraus ergibt sich für ihn, dass es sich bei den mönchischen „Tugenden" des Zölibats, des Fastens, der Buße etc. in Wirklichkeit um *Untugenden* handelt, weil sie „völlig zwecklos" sind.
Hume sieht es als großen Vorteil seiner Moralphilosophie an, dass sie nicht auf der umstrittenen Frage aufbaut, in welchem Grad der Mensch egoistisch bzw. altruistisch veranlagt ist. Ihm genügt die – angeblich nicht zu leugnende – Tatsache, „dass ein gewisses, egal wie geringes Maß an Wohlwollen in unserem Herzen wohnt, ein Funke Freundschaft für die Menschheit". Diese Menschenliebe sei „als Allgemeinbesitz aller Menschen die Grundlage für die Moral oder für ein allgemeines System des Tadels und Lobes". Diese Moralvorstellungen werden schließlich durch gesellschaftliche Normen kanonisiert, durch die wiederum „die individuellen Gefühle der Selbstliebe beherrscht und eingedämmt" werden. Ein weiteres Motiv für moralisches Handeln erwächst laut Hume aus der „Liebe zum Ruhm":

> In unserem unablässigen [...] Streben nach Ansehen, Namen und Ruf vor der Mitwelt unterwerfen wir oft unser [...] Verhalten einer Nachprüfung und erwägen, wie es sich in den Augen derer ausnehmen möge, die uns nahe sind [...]. Diese ständige Gewohnheit, uns selbst sozusagen im Spiegel zu mustern, hält alle Gefühle für Recht und Unrecht lebendig [...]. Rein animalische Annehmlichkeiten [...] sinken allmählich im Wert, während alles innerlich Schöne und moralisch Gewinnende" bevorzugt wird.

So erreicht man nach Hume den Zustand der „vollendetsten Sittlichkeit". Des Weiteren bedient Hume sich der Fiktion, „ein Mensch besitze unbeschränkte Macht, seine Veranlagung zu formen, und wir lassen ihn erwägen, welches Begehren oder Verlangen er zur Grundlage seines Glücks oder Genusses wählen würde". Die Entscheidung soll eindeutig ausfallen, denn während „alle Menschen auf unsern Erfolg eifersüchtig sind, wenn wir der Habgier und dem Ehrgeiz frönen, sind wir ihres Wohlwollens und ihrer guten Wünsche nahezu gewiss, solange wir auf dem Pfad der Tugend verharren". Als einzig problematischen Fall gesteht Hume ein, dass Eigentumsdelikte, Diebstahl und Betrügereien – sofern geschickt ausgeführt – zum scheinbaren Vorteil des Betreffenden führen könnten. Hier vermag er nur noch an das Moralempfinden zu appellieren:

> Wenn sich sein Inneres nicht gegen solche verderblichen Grundsätze aufbäumt, wenn er kein Widerstreben gegen gemeine und niedrige Gedanken empfindet, [dann] ist ihm allerdings ein wesentliches Motiv zur Tugend abhandengekommen [...]. In allen *vornehmeren* Naturen ist aber die Abneigung gegen Treulosigkeit und Betrügerei zu stark, als dass irgendwelche Aussichten auf Nutzen oder pekuniären Vorteil dagegen in die Waagschale fallen könnten. Der innere Friede der Seele, das Bewusstsein der eigenen Unantastbarkeit, eine befriedigende Rückschau auf das eigene Verhalten, das alles sind dringend notwendige Voraussetzungen für das Glück.

Ferner passiere es oft, dass Gauner trotz all ihrer vermeintlichen Schlauheit und Durchtriebenheit gefasst würden. Und mögen sie auch unentdeckt bleiben und noch so erfolgreich sein, „der ehrliche Mensch wird, wenn er überhaupt eine Ahnung von Philosophie [...] besitzt, bemerken, dass sie letzten Endes doch die Meistbetrogenen sind und den unschätzbaren Genuss, einen Charakter, wenigstens vor sich selbst, zu besitzen, darangegeben haben, um wertlosen Tand und Plunder einzutauschen."

IV. Humes Religionsphilosophie

Hume hat sich mit dem Thema ‚Religion' nicht nur in den *Dialogen über natürliche Religion* auseinandergesetzt, sondern auch in einigen Abschnitten der *Untersuchung über den menschlichen Verstand* sowie in verschiedenen Essays. Für ein genaues Verständnis seiner Gedanken ist dabei zu beachten, dass es im England des 18. Jahrhunderts noch recht gefährlich war, sich kritisch zu den Lehren der christlichen Religion zu äußern. Aufgrund seiner philosophischen Schriften hatte Hume sich den Ruf eines Atheisten erworben. Seine Werke wurden auf den Index gesetzt und es war nur der Intervention von Freunden zu verdanken, dass er nicht aus der Church of Scotland ausgestoßen bzw. exkommuniziert wurde. Hume beschloss daraufhin, sich in der Religionskritik vorsichtiger zu äußern, um in Ruhe leben zu können. Insbesondere wurden die Essays *Über den Freitod* und *Über die Unsterblichkeit der Seele* nicht zu Lebzeiten des Autors gedruckt, und auch die *Dialoge* erschienen erst posthum im Jahre 1779.

Odyssee der Veröffentlichung der *Dialoge über natürliche Religion*

Es scheint Hume sehr am Herzen gelegen zu haben, dass die *Dialoge über natürliche Religion* überhaupt erscheinen. Er übertrug seinem Freund Adam Smith per Testament die Aufgabe der Herausgabe des Manuskripts und vermachte ihm dafür 200 Pfund. Smith hatte jedoch große Bedenken und fürchtete, dass der „Sturm der öffentlichen Entrüstung sich gegen den *Herausgeber* richten würde, wenn er den *Verfasser* nicht mehr treffen konnte". Deshalb betraute er stattdessen den Verleger William Strahan mit der posthumen Veröffentlichung. Zur zusätzlichen Sicherheit vermachte Hume seinem Neffen David Hume jr. eine Abschrift des Werks mit dem Auftrag, es zu veröffentlichen, wenn es nicht innerhalb von 2 ½ Jahren nach seinem Tod gedruckt sein würde. Es zeigte sich, dass diese Vorsichtsmaßnahme begründet war. Adam Smith war nach Humes Tode immer noch der Meinung, die *Dialoge* sollten unveröffentlicht bleiben und auch Strahan konnte sich nicht zu einer Publikation entscheiden. So blieb es dem Neffen vorbehalten, die *Dialogues concerning Natural Religion* unter dem Namen des Verfassers, aber ohne Angabe des Erscheinungsorts, des Druckers oder des Herausgebers zu veröffentlichen. Der befürchtete Sturm der Entrüstung blieb übrigens aus, vor allem weil Hume es äußerst geschickt verstanden hatte, eine Identifikation seiner eigenen Auffassungen mit den Thesen der Dialogteilnehmer zu verschleiern.

Hume über Wunder

Im Rahmen der erkenntniskritischen *Untersuchung über den menschlichen Verstand* geht Hume auf die Möglichkeit dessen ein, was man gemeinhin als Wunder bezeichnet. Ein wunderartiges Ereignis führe stets zu einem Widerstreit in der Evidenz: *Für* das Ereignis spricht die Aussage der Augenzeugen, *gegen* das Ereignis hingegen die bisherige Erfahrung. Dabei ist der Glaube an die Zuverlässigkeit einer Zeugenaussage selbst erfahrungsbedingt:

> Wäre nicht das Gedächtnis bis zu einem gewissen Grad zuverlässig, neigten die Menschen nicht gewöhnlich zur Wahrheit, schämten sie sich nicht, wenn sie bei einer Lüge ertappt werden – wäre das nicht [...] durch Erfahrung als Eigenschaft der menschlichen Natur entdeckt, dann würden wir niemals auch nur das mindeste Vertrauen in menschliches Zeugnis setzen.

Also handelt es sich um einen Widerstreit der Erfahrung, aus dem notwendig „ein Gegengewicht und eine wechselseitige Aufhebung des Glaubens" entsteht. Dabei steht „Beweis gegen Beweis, und der stärkere müsste überwiegen, aber mit einer – im Verhältnis zu der des Gegners – geringeren Kraft." Sodann definiert Hume ein echtes Wunder genauer als eine *Verletzung der Naturgesetze*, „und da eine feste und unabänderliche Erfahrung diese Gesetze errichtet hat, ist der Beweis *gegen* ein Wunder aus der Natur der Sache so vollgültig, wie sich eine Begründung aus der Erfahrung nur überhaupt denken lässt." Als Beispiele von potentiellen Wundern führt Hume nicht nur an, dass Blei in der Luft schweben bliebe oder dass sich ein Schiff in die Luft erhöbe, sondern auch Ereignisse, die zwar keine absoluten Verletzungen der Naturgesetze beinhalten würden, aber zumindest eine *Überschreitung* dieser Gesetze „durch einen besonderen Willensakt der Gottheit oder durch Vermittlung einer unsichtbaren Wirkkraft", z. B.:

> [...] wenn jemand mit dem Anspruch göttlicher Autorität einem Kranken geböte, gesund zu sein, einem Gesunden, tot umzufallen, den Wolken, zu regnen, den Winden, zu wehen, kurz, wenn er Naturereignisse anordnete, die unverzüglich seinem Gebot folgten.

Anschließend bemüht sich Hume zu zeigen, dass es de facto niemals derartige Wunder gab. Erstens sei so etwas nie durch eine ausreichende Anzahl von Menschen „mit gesundem Verstand" bezeugt worden. Zweitens neigt der Mensch zur Wundergläubigkeit, und dieser Hang zum Außergewöhnlichen sollte ein Misstrauen gegen alle einschlägigen Berichte hervorrufen. Drittens seien Erzählungen von wunderartigen Ereignissen hauptsächlich „bei unwissenden und barbarischen Völkern" anzutreffen. Viertens dienen sie in der Regel dazu, eine bestimmte Religion zu unterstützen; doch die Konkurrenz der Religionen mit ihren jeweils eigenen ‚Wundern' spricht dagegen, dass irgendeines davon jemals geschehen sei.

Des Weiteren entwickelt Hume einige Argumente, die auf den ersten Blick als Bestätigung gewisser Dogmen der christlichen Religion verstanden werden könnten, die bei genauerer Analyse jedoch als subtile Kritik derselben zu deuten sind. Hume bemerkt, man sollte nicht versuchen, eine Religion mittels Wunder zu unterstützen, denn wäre auch

> [...] das Wesen, dem man das Wunder zuschreibt, [...] allmächtig, so wird es dadurch keine Spur wahrscheinlicher; denn es ist unmöglich, die Eigenschaften oder Handlungen eines solchen Wesens in anderer Weise als durch die Erfahrung zu erkennen, die wir von seinen Taten im gewöhnlichen Naturablauf haben.

Generell sollte die christliche Religion nicht mittels menschlicher Vernunftprinzipien verteidigt werden: „Unsere hochheilige Religion ist auf den *Glauben*, nicht auf *Vernunft* gegründet." Die letztere Aussage möchte suggerieren, dass Hume ein gläubiger Christ sei, dem zu Bewusstsein gekommen ist, dass Glaube nicht rational begründet werden kann. Doch in Wahrheit dient die rationale Nicht-Begründbarkeit des Glaubens Hume als Argument *gegen* die Religion. Dafür spricht die sich ans letzte Zitat unmittelbar anschließende Behauptung, es sei eine sichere Methode, die Religion *bloßzustellen*, wenn man sie „einem solchen Verfahren", d. h. der Prüfung durch den gesunden Menschenverstand, aussetzt, „das zu bestehen sie in keiner Weise geeignet ist". Diese verkappt atheistische Deutung gibt auch dem Schlussabsatz des Kapitels einen überraschenden Sinn.

> So dürfen wir nach alledem schließen, dass die christliche Religion nicht nur in der ersten Zeit von Wundern begleitet war, sondern sogar heutigentags von keinem vernünftigen Menschen ohne Annahme eines Wunders geglaubt werden kann.

Mit dem letzten Halbsatz will Hume augenscheinlich ausdrücken, es wäre ein wahrhaftiges *Wunder*, wenn ein *vernünftiger* Mensch überhaupt an die christliche Religion *glaubt*. Für diese Lesart sprechen auch die ironischen Schlusssätze:

Ein Leben nach dem Tod im Himmel oder in der Hölle?

Der elfte Abschnitt der *Untersuchung über den menschlichen Verstand* ist in Form eines Dialogs abgefasst, den eine Figur namens Hume mit einem Freund führt, „der skeptische Paradoxe liebt". Dieser Freund soll hier als ‚Hume*' bezeichnet werden. Hauptthemen sind die rationale Beweisbarkeit der Existenz Gottes, die göttliche Vorhersehung und die Möglichkeit eines Lebens nach dem Tod. Im ganzen Abschnitt wird nicht klar, ob Humes wahre Ansichten durch Hume oder durch Hume* vertreten werden. Trotz der verbalen Vorbehalte („Obwohl ich vielen Prinzipien, die er dabei vorbrachte, nicht zustimmen kann, ...") scheint der Autor Hume letztlich zu den radikaleren Ansichten von Hume* zu neigen.

Hume* versucht, durch eine fiktive Rede vor dem Volk von Athen die Position Epikurs zu verteidigen, der die Existenz Gottes, also auch göttliche Vorhersehung und zukünftiges Leben leugnete und darauf beharrte, dass dies keine schädlichen Konsequenzen für die *Moral* haben müsse. Das einzige mögliche Argument für die Existenz Gottes stamme aus der Ordnung der Natur, „in der sich solche Anzeichen von Intelligenz und Planmäßigkeit zeigen, dass es euch ausgefallen dünkt, als deren Ursache entweder den Zufall oder die blinde und richtungslose Kraft der Materie anzugeben". Nun könne man aber von einer beobachteten Wirkung nur so viel auf die vermutete Ursache rückschließen, wie sich in der Wirkung offenbart. Aus einer Ordnung in der Welt könne man deshalb nicht darauf schließen, dass der Welt ein Plan zugrunde läge, der über die Grenzen unserer Erfahrung hinausginge. Spekulationen über Gottes Vorhersehung könnten insbesondere keine Rechenschaft für das Übel in der Welt geben.

Die Leugnung eines „obersten Herrn der Welt, der den Ablauf des Geschehens lenkt und in allem, was sie tun, die Lasterhaften mit Schande und Enttäuschung straft, die Tugendhaften mit Ehre und Erfolg belohnt", müsse nicht zwangsläufig zu amoralischem Verhalten führen. Moralisches Handeln lasse sich auch anders begründen:

> Ich erkenne an, dass [...] die Tugend mehr Seelenfrieden mit sich bringt als das Laster und in der Welt günstiger aufgenommen wird. Es ist mir klar, dass [...] Freundschaft die Hauptfreude des menschlichen Lebens ist und Mäßigkeit der einzige Quell der Ruhe und des Glücks.

Die christliche Moralbegründung (mit dem Versprechen einer Belohnung für das Gute und einer Bestrafung für das Böse im Himmel bzw. in der Hölle) sei hingegen rational nicht nachzuvollziehen: „Es ist euch nämlich unmöglich, von der Ursache irgend etwas zu wissen außer dem, was ihr vorher in der Wirkung in vollem Umfang entdeckt [habt]".

Gegen diese These von Hume* bringt Hume das Argument vor, aus dem Anblick eines halbfertigen Gebäudes, umgeben von Ziegel-, Stein- und Mörtelhaufen, könne man doch ableiten, dass es ein Werk planvoller Absicht sei, oder beispielsweise aus dem Anblick einer menschlichen Fußspur am Meeresufer schließen, „dass hier ein Mensch gegangen sei und auch die Spur des anderen Fußes hinterlassen habe", obgleich diese ausgelöscht ist. Hume* gibt zu, dass so etwas bei *menschlichen* Werken möglich sei, weil wir mit der Natur des Menschen vertraut sind und entsprechende, auf Erfahrung und Beobachtung gegründete Schlüsse ziehen dürfen. Aber im Falle *Gottes* verfügen wir über keine weitere Erfahrung, als sie sich in den Werken der Natur manifestiert. Darüber hinaus sei ein *Analogieschluss* auf die göttlichen Eigenschaften völlig fehl am Platz hinsichtlich eines Wesens, „das so fern und unfassbar ist und das viel weniger Ähnlichkeit mit irgendeinem anderen Wesen im Universum zeigt als die Sonne mit einer Wachskerze".

Gegen Ende des Abschnitts weist Hume noch darauf hin, dass wir im strengen Sinne nicht einmal *wissen*, dass das Universum die *Wirkung von einer Gottheit* – und damit einen *Beweis für* sie – darstelle. Denn Ursache und Wirkung erkennen wir nur nach *wiederholter* Abfolge bzw. *regelmäßiger* Verbindung der entsprechenden Ereignisse. Das Universum sei jedoch „eine völlig einmalige und beispiellose Wirkung" und Gott „eine nicht minder einmalige und beispiellose Ursache".

Eine weitere, subtil-ironische Kritik an der christlichen Religion findet sich im Schlussabschnitt der *Untersuchung über den menschlichen Verstand*, das sich eigentlich mit einem ganz anderen Thema beschäftigt („Über die akademische oder skeptische Philosophie"). Hume weist dort auf den folgenden *Widerspruch* hin: Obwohl die Existenz Gottes durch unzählige philosophische Argumente *bewiesen* sei, „streiten die frömmsten Philosophen noch immer darüber, ob jemand so mit Blindheit geschlagen sein könnte, ein spekulativer Atheist zu sein". Welchen ‚Widerspruch' Hume hier vor Augen hat, lässt erst die anschließende Analogie vermuten: „Die fahrenden Ritter, die umherzogen, die Welt von Drachen und Riesen zu säubern, hegten niemals den geringsten Zweifel an der Existenz dieser Ungeheuer." Die fahrenden Ritter *glaubten* also zumindest an die Existenz der Fabelwesen, deshalb hatte ihr Kampf gegen sie einen *Sinn*. Wenn aber „fromme Philosophen" gegen „spekulative Atheisten" in den Kampf ziehen, haben Erstere gar keinen Anlass, an die Existenz ihrer gegnerischen Fabelwesen zu glauben, denn da Gottes Existenz philosophisch *bewiesen* ist, dürfte es eigentlich gar keine Atheisten geben. Im Umkehrschluss will Hume deshalb suggerieren: Atheisten sind keine Fabelwesen, also kann etwas mit den philosophischen ‚Beweisen' für die Existenz Gottes nicht stimmen!

Polytheismus vs. Monotheismus

In dem Essay *Die Naturgeschichte der Religion*, der fast den Umfang eines Buches einnimmt, beschreibt Hume die Entwicklung des religiösen Denkens von „den rohen Anfängen" der menschlichen Gesellschaft bis zur Gegenwart. Hume geht aufgrund der historischen Quellen und Überlieferungen davon aus, dass in der Menschheit ursprünglich ein Polytheismus mit all seinen „mannigfachen Erscheinungsformen des Aberglaubens" herrschte. Die Erfindung der vielen Gottheiten war dabei von der Sorge um das tägliche Leben motiviert:

Juno wird bei Hochzeiten angerufen, Lucian bei Geburten. Neptun nimmt die Gebete der Seeleute entgegen, Mars diejenigen der Krieger. Der Bauer bestellt seinen Acker unter dem Schutz des Ceres, während der Kaufmann die Zuständigkeit des Merkurs anerkennt.

Diese Götter blieben einerseits unsichtbar, andererseits stellte man sie sich als Geschöpfe vor, die alle menschlichen Leidenschaften und Neigungen besitzen und auch alle „Gliedmaßen und Organe". Ferner glaubten die Menschen, dass die Natur voll wäre von unsichtbaren Mächten wie Feen, Kobolden, Elfen und Gespenstern. Doch sei klar, „dass die Götter aller Polytheisten nicht besser sind als die Elfen und Feen unserer Vorfahren und dass sie genau so wenig fromme Verehrung oder Ehrerbietung verdienen wie jene".

Der Theismus bzw. die Lehre von einem höchsten Gott als Urheber der Natur ist zwar, laut Hume, sehr alt und hat sich über viele Nationen ausgebreitet, in denen sie von „Menschen aller Klassen" angenommen worden ist. Dennoch gab es während der zurückliegenden Jahrhunderte einen beständigen Wechsel von Polytheismus und Theismus. Der Mensch habe einen natürlichen Hang, sich vom Götzendienst zum Theismus zu erheben, doch dann auch wieder vom Theismus in den Götzendienst zurückzufallen. Den Grund hierfür erblickt Hume einerseits in der „Unwissenheit" der breiten Masse der Menschen, die nicht in der Lage sei, die subtilen Vorstellungen einer unendlich vollkommenen Gottheit aufrecht zu erhalten. Andererseits werde der einfache Mensch durch die ängstliche Sorge um sein Wohlergehen dazu gebracht, an die Existenz von Götzen als menschenähnlichen Wesen zu glauben, „die von Liebe und Hass angetrieben und durch Geschenke und Bitten, Gebete und Opfer gewonnen werden. Das ist der Ursprung [...] des Götzendienstes oder des Polytheismus."

Der Streit zwischen den Religionen

Im neunten Abschnitt der *Naturgeschichte* vergleicht Hume die Religionen „im Hinblick auf Verfolgung und Duldung". Er weist darauf hin, dass der Theismus mit der Annahme einer einzigen Gottheit von vollkommener Vernunft und Güte dem Menschen eigentlich die stärksten Motive zu Gerechtigkeit und Wohlwollen liefern sollte. De facto entstanden zwischen den verschiedenen Glaubensgemeinschaften jedoch eine große Feindschaft und Intoleranz:

> Denn da jede Sekte überzeugt ist, dass ihr eigener Glaube und Gottesdienst der Gottheit ganz und gar wohlgefällig ist, [...] geraten die verschiedenen Sekten natürlicherweise in Feindschaft und lassen mit dem heiligen Eifer und Hass die heftigsten und unversöhnlichsten aller menschlichen Leidenschaften aneinander aus.

Hume geißelt die Intoleranz „nahezu aller" monotheistischer Religionen:

> Der unversöhnliche, engherzige Geist der Juden ist wohlbekannt. Der Islam bahnte sich mit noch blutigeren Prinzipien seinen Weg und überliefert noch heute alle anderen Religionsgemeinschaften der Verdammnis, wenn er sie auch nicht mehr mit Feuer und Schwert überfällt.

Auf die Gräueltaten der *christlichen* Kreuzzüge (oder die noch gar nicht so lang zurückliegenden Schrecken des 30-jährigen Krieges) geht Hume nicht explizit ein, sondern weist nur darauf hin, dass mittlerweile – im 18. Jahrhundert – zumindest in einigen Ländern wie England und Holland Christen „die Prinzipien der Toleranz angenommen haben". Doch sei dies kein eigentliches Verdienst des Christentums, sondern nur der „unerschütterlichen Entschlossenheit der bürgerlichen Obrigkeit im Kampf mit den fortgesetzten Anstrengungen der Priester und Frömmler" zu verdanken.

Der Kerngedanke eines philosophischen Theismus

Im Schlussabschnitt der *Naturgeschichte* fasst Hume den Grundgedanken eines *philosophischen* Theismus zusammen:

> In allen Dingen ist ein Zweck, eine Absicht, ein Plan unverkennbar; und wenn unsere Fassungskraft [...] über den ersten Ursprung dieses sichtbaren Systems nachdenkt, dann müssen wir die Vorstellung von einer vernünftigen Ursache oder von einem intelligenten Urheber mit der festesten Überzeugung annehmen. Die einheitlichen Gesetze, die im gesamten Bau des Universums vorherrschen, führen uns [...] dazu, dass wir uns diese Intelligenz als eine einzige und ungeteilte vorstellen [...]. Selbst die Gegensätzlichkeiten in der Natur, wie sie überall zum Vorschein kommen, werden zu Beweisen für eine übereinstimmende Absicht und bekunden einen einzigen Zweck oder Plan, wie unerklärlich und unfassbar er auch sein mag.

Dass der Mensch überhaupt in der Lage ist, sich Gedanken über den Ursprung der Welt zu machen und die Idee eines Weltenschöpfers zu entwickeln, sei ein Merkmal, das Gott dem Menschen verliehen hat, „und gewiss kann nichts das Menschengeschlecht mehr ehren, als auf diese Weise von allen anderen Teilen der Schöpfung auserwählt zu sein“. Doch leider werde diese Fähigkeit im alltäglichen Leben weitgehend pervertiert. Die tatsächlichen religiösen Praktiken seien nichts anderes als „Träume kranker Menschen“; der tatsächliche Lebenswandel widerspreche den Lehren der Religion. „Es gibt keine noch so schreienden theologischen Unsinnigkeiten, die nicht bisweilen von Leuten mit größtem und gebildetstem Verstand angenommen, und keine noch so strengen religiösen Vorschriften, die nicht von den wollüstigsten und lasterhaftesten Menschen befolgt worden wären.“

Über die Unsterblichkeit der Seele

In diesem relativ kurzen Essay setzt Hume sich mit der Frage der Unsterblichkeit der Seele auseinander. Während die von ihm diskutierten *philosophischen* Überlegungen klar *gegen* die Unsterblichkeit sprechen, versteht er es hervorragend, seine atheistische Konsequenz so zu verbrämen, dass sie in den Kreisen des Christentums keinen Anstoß erregt. So betont Hume gleich zu Anfang, dass es – vorsichtig formuliert – *schwierig* erscheint, die Unsterblichkeit der Seele allein mit Vernunftgründen zu beweisen. Vielmehr sei es das Evangelium allein, welches ein Leben nach dem Tod und die Unsterblichkeit der Seele begründen könne. Analog endet der Essay mit der ironischen Bemerkung, dass die Menschheit der göttlichen Offenbarung gegenüber unendlich dankbar sein müsse, weil „diese große und wichtige Wahrheit", d. h. die These der Unsterblichkeit der Seele, auf *keine andere Weise*, also insbesondere nicht durch *Vernunft*, eingesehen werden kann. Da Hume jedoch – als Philosoph – einzig Vernunftgründe gelten lassen kann, ist für ihn die Unsterblichkeitsbehauptung alles andere als eine *Wahrheit*. Seine wichtigsten Gegenargumente lauten:

- Wäre die Seele unvergänglich, so müsste sie auch unerzeugbar sein. „Folglich existierte die Seele, wenn sie unsterblich ist, [bereits] vor unserer Geburt."
- „Es steht außer Zweifel, dass die Tiere fühlen, denken, lieben, hassen, wollen und überlegen, wenn auch in einer weniger vollkommenen Art als die Menschen. Sind ihre Seelen deshalb auch immateriell und unsterblich?"
- Die Vorgänge in der Seele sind untrennbar mit Vorgängen im Körper verbunden. Der Tod bzw. die Auflösung des Körpers und all seiner Denk- und Empfindungsorgane führt deshalb auch zu einer „Auflösung" der Seele.

Darüber hinaus weist Hume auf das Problem „der unendlichen Zahl posthumer Existenzen" hin, die sich aus der religiösen Annahme der Unsterblichkeit ergeben würde:

Zentrale Gedanken der *Dialoge über natürliche Religion*

Die Bezeichnung ‚Dialoge' ist etwas irreführend, denn bei diesem Werk handelt es sich nicht um ein Zweier-, sondern um ein Dreiergespräch zwischen Cleanthes, Demea und Philo. Ersterer wird charakterisiert als Mann von „besonnener philosophischer Denkweise", zweiter als Vertreter einer „starren, unbeugsamen Rechtgläubigkeit"; Philo schließlich zeichnet sich durch einen „unbekümmerten Skeptizismus" aus. Bis heute wird in der Literatur die Frage diskutiert, inwieweit Humes eigene Ansichten mehr durch Cleanthes als durch Philo ausgedrückt werden. Dies allein zeigt, dass Humes Versteckspiel so geschickt angelegt ist, dass auch bei eine Publikation dieser Schrift zu Lebzeiten wohl niemand ihm definitiv atheistische Ansichten hätte nachweisen können. Eines lässt sich jedoch mit Sicherheit sagen: Wenn sich ein Dialog mit Demea auf der einen und Philo und/oder Cleanthes auf der anderen Seite ergibt, dann steht Humes eigenes Urteil stets hinter dem Gespann Philo/Cleanthes. Wenn hingegen – wie vor allem in den letzten Abschnitten – die Kontroverse zwischen Philo und Cleanthes ausgetragen wird, dann hat zumeist Philo die stärkeren Argumente und dürfte somit in der Regel Humes Position vertreten.

Nach einer einleitenden Erörterung des philosophischen Skeptizismus, insbesondere seiner praktischen Undurchführbarkeit, wird das Verhältnis von Skeptizismus und Atheismus thematisiert. Einerseits würde von allen Menschen, die auf Wissenschaftlichkeit Anspruch erheben, zugestanden, „dass die Ausdrücke *Atheist* und *Skeptiker* beinahe synonym sind". Andererseits wird ein Ausspruch von Francis Bacon zitiert:

Francis Bacon (1561–1626), englischer Philosoph und Aufklärer, Wegbereiter des Empirismus

Der „ontologische" Gottesbeweis

Gleich zu Anfang der *Dialoge* einigen sich die Gesprächsteilnehmer darauf, dass nicht die *Existenz* Gottes zur Debatte stehen soll, sondern seine *Natur*, d. h. seine wesentlichen Eigenschaften. Demzufolge steht der sogenannte „physiko-teleogische" Gottesbeweis im Zentrum der Erörterungen, bei dem aus dem Zustand der Welt, insbesondere aus den überall zu entdeckenden *Zweckmäßigkeiten* (gr. ‚telos') in der Natur, Rückschlüsse auf den Schöpfer gezogen werden. Im späteren Verlauf der *Dialoge* wird dann aber doch noch der sogenannte „ontologische" Gottesbeweis thematisiert, dessen Grundgedanke darin besteht, aus dem abstrakten *Sein* (gr. ‚ontos') der Welt die Existenz ihrer Ursache, d. h. die Existenz eines außerweltlichen Wesens, herzuleiten. Demea trägt diesen Gedanken wie folgt vor:

> Alles, was existiert, muss eine Ursache oder einen Grund für seine Existenz haben. Denn es ist absolut unmöglich, dass irgend etwas sich selbst hervorbringt oder die Ursache seiner eigenen Existenz ist. Wir müssen deshalb bei unserer Zurückführung von Wirkungen auf Ursachen entweder einer unendlichen Folge nachgehen, ohne irgendeine letzte Ursache zu erreichen; oder wir müssen am Ende zu irgendeiner letzten Ursache unsere Zuflucht nehmen, die *notwendig* existiert. Dass die erste Annahme absurd ist, lässt sich nun folgendermaßen beweisen. In der unendlichen Serie oder Abfolge von Ursachen und Wirkungen wird jede einzelne Wirkung in ihrer Existenz durch die Wirkungskraft jener Ursache bestimmt, die ihr unmittelbar vorausgeht. Dagegen wird die gesamte ewige Kette oder Abfolge zusammengenommen durch nichts bestimmt oder verursacht. Und doch liegt es auf der Hand, dass sie einer Ursache oder eines Grundes nicht weniger bedarf als jedes Einzelding [...]. Die Frage ‚Warum existiert diese spezielle Abfolge von Ursachen von Ewigkeit her und warum nicht eine andere oder überhaupt gar keine?' bleibt nach wie vor vernünftig. Falls es kein notwendig existierendes Wesen gibt, ist jede Hypothese [...] gleichermaßen möglich; und dass von Ewigkeit her nichts existiert hätte, enthält unter dieser Voraussetzung keine größere Absurdität als jene Abfolge von Ursachen, die tatsächlich das Universum ausmacht. Was war es denn dann, das dazu führte, dass etwas und nicht nichts existiert [...]? Externe Ursachen gibt es nach Voraussetzung nicht. ‚Zufall' ist ein Wort ohne Sinn. War es das Nichts? Doch das kann nichts hervorbringen. Wir müssen deshalb zu einem notwendig existierenden Wesen unsere Zuflucht nehmen, das den *Grund* seiner Existenz in sich selbst trägt [...], das heißt, es gibt eine Gottheit.

Die Kritik am ontologischen Gottesbeweis wird hauptsächlich von Cleanthes vorgetragen. Erstens sei es von vornherein verfehlt, eine *Tatsache* (wie die zur Debatte stehende Existenz Gottes) zu *beweisen*. Zweitens habe der Ausdruck ‚notwendige Existenz' bzw. ‚notwendig existierendes Wesen' überhaupt keinen Sinn bzw. sei widerspruchsvoll. Drittens, selbst wenn man Evidenz dafür hätte, dass irgendetwas notwendigerweise existiert, warum sollte es dann statt Gott nicht die Materie sein. Viertens sei das Argument ‚Selbst wenn jedes Element der unendlichen Wirkungskette eine Ursache hat, so braucht insgesamt die Kette selber eine Ursache' unschlüssig.

Philo rundet diese Kritik mit folgender Betrachtung ab: Gesetzmäßigkeiten im Bereich der Zahlen, etwa die Tatsache, dass die Quersummen von beliebigen 9-er-Produkten wieder die Zahl 9 ergeben, könnte ein oberflächlicher Beobachter als die Wirkung des Zufalls ansehen. Der aufgeklärte Mathematiker hingegen weiß, dass diese Ordnung sich notwendigerweise aus der Natur der Zahlen ergibt. Analog sei es wahrscheinlich, „dass die ganze Organisation des Universums einer ähnlichen Notwendigkeit unterliegt", d. h. durch Gesetze bestimmt wird, die aus ihrer eigenen Natur entspringen, obgleich „keine menschliche Arithmetik" den Schlüssel für die Erkenntnis dieser Natur zu geben vermag.

Der „physiko-teleologische" Gottesbeweis

Demea ist sich mit Philo weitgehend einig, dass der menschliche Verstand kaum in der Lage ist, die Natur Gottes zu erfassen. Als Ausgangspunkt wird zugestanden: „Nichts existiert ohne Ursache; und die ursprüngliche Ursache dieses Universums, mag sie sein, welche sie will, nennen wir Gott und schreiben ihr ehrfurchtsvoll jede Art von Vollkommenheit zu". Dabei wird vor einem Anthropomorphismus gewarnt und vor jeglichem Versuch, Ähnlichkeiten zwischen menschlichen und göttlichen Eigenschaften anzunehmen. Cleanthes referiert den Grundgedanken des „physiko-teleologischen" Beweises wie folgt:

Seht Euch um in der Welt; betrachtet das Ganze und jeden Teil; Ihr habt darin nichts als eine einzige große Maschine, die in eine unendliche Anzahl kleinerer Maschinen geteilt ist, deren jede wieder bis zu einem Grade Unterteilungen gestattet, die menschliche Sinne und Fähigkeiten nicht mehr zu verfolgen und zu erklären vermögen. Alle diese verschiedenen Maschinen und selbst ihre kleinsten Teile sind einander mit einer Genauigkeit angepasst, die jedermann [...] in staunende Bewunderung versetzt. Die wunderbare Angemessenheit von Mitteln und Zwecken in der ganzen Natur gleicht genau [...] den Hervorbringungen menschlicher Kunst, menschlicher Absicht, Weisheit und Einsicht. Da also die Wirkungen einander gleichen, werden wir [...] zu dem Schluss geführt, dass auch die Ursachen einander gleichen und dass der Urheber der Natur dem Geist des Menschen einigermaßen ähnlich ist, freilich im Besitz viel größerer Fähigkeiten.

Philo entgegnet, dieser Schluss sei äußerst bedenklich, denn er beruhe auf einer sehr schwachen *Analogie*, die bestenfalls eine *Hypothese* stützen könne, sicher aber keinen *Beweis* darstelle. Aus dem Wachstum eines Haares ließe sich nichts über die Entstehung eines Menschen ableiten. Ebenso sei es verfehlt, Zweckmäßigkeit bei Häusern, Schiffen oder Maschinen als Basis für den Schluss auf eine Zweckmäßigkeit des gesamten Universums zu benutzen. Als erkenntnis-logische Grundlage dient das Prinzip:

Um diesem Prinzip zufolge etwas über den Ursprung des Universums ausmachen zu können, wäre es also erforderlich, dass wir von der Entstehung *vieler* Universen Erfahrung hätten. Cleanthes wendet dagegen ein, dass man manchmal auf der Basis eines einzigen Falls begründete Theorien über ihre Ursache machen könne, z.B. über die Bewegung des Mondes oder der Erde. Doch Philo entgegnet, dass wir durchaus Erfahrung von einer *ganzen Reihe* von „Erden" – d. h. natürlich genauer: von *Himmelskörpern* – haben, dem Mond, den Planeten etc., und dass erst die gesamte Beobachtung all ihrer Bewegungen einen Beweis für das kopernikanische System ergäbe.

Die Phantasievorstellung einer *natürlichen Bibliothek*

Cleanthes verteidigt seinen Analogieschluss mit der Behauptung, die Ähnlichkeit der Werke der Natur und der Kunst sei einfach nicht zu leugnen. Dazu konstruiert er ein phantasievolles Beispiel:

> Nehmt an, dass es eine natürliche, allgemeine, überall gleiche Sprache gebe [...] und dass Bücher Naturprodukte seien, die sich auf dieselbe Art wie Tiere und Pflanzen, durch Abstammung und Fortpflanzung, erhalten. [...] Da in den höchsten Erzeugnissen der Sprachkunst unendlich weniger Teile und weniger Erfindung ist als in dem rohesten organischen Körper, so ist die Fortpflanzung einer *Ilias* oder *Äneis* eine leichtere Annahme als die einer Pflanze oder eines Tieres.
>
> Nehmt also an, Ihr tretet in Eure Bibliothek, die auf diese Weise mit natürlichen Büchern, welche die feinste Vernunft und die ausgesuchteste Schönheit enthalten, bevölkert ist; könntet Ihr etwa eines davon aufschlagen und zweifeln, dass seine ursprüngliche Ursache die genaueste Analogie mit Geist und Verstand habe? Wenn es räsoniert und erörtert, wenn es polemisiert, argumentiert und seine Gesichtspunkte und Prinzipien zur Geltung bringt [...], könntet Ihr bei der Behauptung beharren, dass [...] die erste Gestaltung dieses Buches in den Lenden seines ursprünglichen Erzeugers nicht aus Denken und Absicht stamme? [...] Die Anatomie eines Tieres bietet viel strengere Beweise für Absicht als die Lektüre des Livius oder Tacitus; [...] behauptet also entweder, dass ein vernünftiges Buch kein Beweis einer vernünftigen Ursache ist, oder gesteht allen Werken der Natur eine ähnliche Ursache zu.

Philo schweigt zunächst – erst in Teil 8 der *Dialoge* wird er eine alternative Erklärung des Entstehens von Lebewesen vorschlagen. Stattdessen antwortet Demea, dass die aufgewiesenen Analogien keinen Grund für die Annahme darstellen, dass wir eine angemessene Vorstellung von der Natur Gottes hätten: „Das Buch der Natur enthält eher ein großes und unauflösliches Rätsel als irgendeine verstehbare Erörterung oder Schlussfolgerung." Doch hiergegen bringt Cleanthes zwei Gegenargumente vor.
Erstens, wenn die Natur Gottes wirklich absolut unbegreiflich wäre, dann wäre unter dem Namen ‚Gott' nur noch eine „allgemeine, unbekannte Ursache" zu verstehen; wie kann dann dieser Name ohne alle Bedeutung „von so gewaltiger Wichtigkeit" sein? Ein Mystiker, der die absolute Unbegreiflichkeit der Gottheit behauptet, würde sich kaum von Skeptikern oder Atheisten unterscheiden, die versichern, „dass die erste Ursache aller Dinge unbekannt und unerkennbar sei". Zweitens solle man sich davor hüten, Gott Eigenschaften beizulegen, die völlig unvereinbar sind mit der Natur eines denkenden Wesens. Speziell dürfe man Gott nicht mittels der Begriffe ‚vollkommene Unveränderlichkeit und Einfachheit' charakterisieren, denn ein Geist, dessen Akte und Vorstellungen nicht unterschieden sind, der wäre „überhaupt kein Geist".

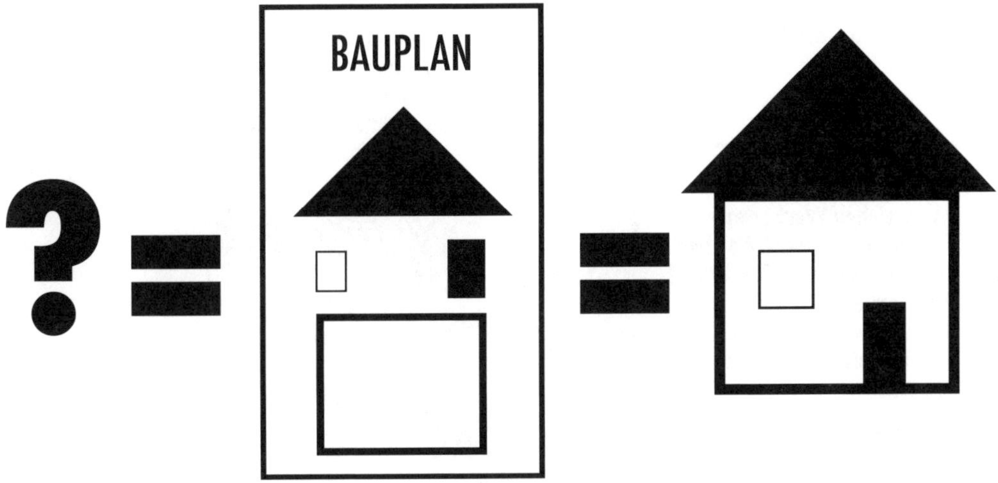

Philo ergreift das Wort und attackiert Cleanthes Anthropomorphismus ganz anders als Demea. Er will die Annahme widerlegen, Gott habe sich für die Schöpfung an einen *Plan* gehalten „in der Weise, wie sich im Kopfe eines Architekten der Plan eines Hauses bildet, das er zu bauen beabsichtigt". Das fertige Haus mittels des Plans des Hauses zu erklären, ist nur solange möglich, wie man nicht weiter nach dem Zustandekommen des Plans fragt. Bezüglich der Frage des Entstehens der Welt hat jedoch die Einführung eines Schöpfungsplans angeblich überhaupt keinen Erklärungswert. A priori betrachtet sei zu urteilen, dass

> […] eine geistige Welt oder ein Universum von Ideen ebenso eine Ursache [erfordert] wie eine materielle Welt oder ein Universum von Gegenständen. […] Wenn die materielle Welt auf einer ähnlichen ideellen Welt beruht, dann muss diese ideelle Welt wieder auf einer anderen beruhen, und so weiter ohne Ende. Es wäre deshalb besser, über die materielle Welt gar nicht erst hinauszugehen.

In jedem Fall bliebe zu erklären übrig, wie die Ordnung und Zweckmäßigkeit – sei es im Plan, sei es in der Natur – entsteht. Wenn gefragt wird, welche Ursache Ordnung in die Ideen des höchsten Wesens bringt, so lautet die Antwort der Anthropomorphisten, „dass es eine Vernunftkraft ist und dass dies die Natur der Gottheit ist". Alternativ könnte man aber auch die Ordnung innerhalb der Natur direkt erklären, indem man sagt, „dass dies die Natur materieller Dinge ist und dass sie alle ursprünglich mit einer Kraft der Ordnung und Angemessenheit ausgestattet sind." Dieser Gedanke wird später noch näher ausgeführt.

Wie kann ein einziges Wesen so etwas komplexes wie das Universum erschaffen?

Im fünften Teil der *Dialoge* geht Philo noch einmal auf das Prinzip ein, das dem Analogieschluss des physiko-teleologischen Beweises zugrundeliegt: *Gleiche Wirkungen sind ein Beweis für gleiche Ursachen*. Je unähnlicher die Wirkungen einander sind, desto unsicherer sei der Schluss auf die Gleichartigkeit der Ursachen. Dies habe schon Cicero betont, der in *De natura rerum* die *anthropomorphe* Vorstellung eines Weltenschöpfers für unverständlich erklärt:

Ferner kann man nach dem Analogieprinzip weder auf die Unendlichkeit noch auf die Vollkommenheit, die Einzigartigkeit oder die Unsterblichkeit Gottes schließen. Die Natur ist nicht unendlich. Auch können wir nicht behaupten, sie sei vollkommen, da uns der Vergleichsmaßstab fehlt: „Könnte ein Bauer, dem die *Äneis* vorgelesen wird, urteilen, dass dies Gedicht absolut fehlerfrei" [sei]? Bezüglich der Frage der *Einzigartigkeit* Gottes führt Philo das Bild an:

> Wo wir in einer Waagschale einen Körper steigen sehen, sind wir sicher, dass in der entgegengesetzten Waagschale, wie verborgen es unserem Auge sein mag, ein gleiches Gegengewicht wirkt; aber es bleibt zweifelhaft, ob dieses Gewicht eine Menge von unterschiedenen Körpern oder eine einzige einheitliche Masse ist. Und wenn das erforderliche Gewicht alles übersteigt, was wir je in einem Körper vereinigt gesehen haben, so wird die erste Annahme wahrscheinlicher und natürlicher.

Schließlich müsste man aufgrund von Analogiebetrachtungen eigentlich annehmen, dass es männliche und weibliche Götter gibt, dass die Gottheiten Menschengestalt besitzen, usw.

Gott als Weltseele?

Im sechsten Teil der *Dialoge* bringt Philo einen neuen, interessanten Gedanken vor:

> Wenn wir nun das Universum [...] näher betrachten, so zeigt es eine große Ähnlichkeit mit einem tierischen, organischen Körper und scheint von einem gleichen Lebens- und Bewegungsprinzip wie dieser in Gang gehalten zu werden. Eine beständige Zirkulation von Materie in ihm führt zu keiner Unordnung; ein beständiger Substanzverlust in jedem seiner Teile wird unaufhörlich wieder ausgeglichen; in dem ganzen System ist der engste Zusammenhang bemerkbar, und jedes einzelne Teilstück oder Glied dient, indem es seine spezifische Funktion erfüllt, sowohl seiner eigenen Erhaltung als auch der des Ganzen. Die Welt ist also, so schließe ich, ein Lebewesen; die Gottheit aber ist die Seele der Welt, die sie bewegt und von ihr bewegt wird.

Cleanthes hält diese Vorstellung für keineswegs absurd, wendet aber gegen die Analogie ein, sie sei in vielen wesentlichen Punkten mangelhaft, denn im Kosmos findet man „keine Sinnesorgane; kein Sitz des Denkens oder Verstandes; kein bestimmter Ausgangspunkt von Bewegung und Handlung“. Die Welt scheint eher Ähnlichkeit mit einer *Pflanze* als mit einem *Tier* zu besitzen; deshalb sei die Schlussfolgerung auf Gott als einer Weltseele nicht korrekt. Des Weiteren wird noch kurz die Frage der *Ewigkeit der Welt* thematisiert. Philo formuliert beiläufig eine Frühform seiner evolutionären Auffassung, der zufolge der Welt ein ewiges, ihrem Wesen angehöriges Prinzip der Ordnung zugeschrieben wird, welches von großen und beständigen Umwälzungen und Veränderungen begleitet wird.

Andere Mythen der Entstehung der Welt

Die Konzeption des Universums als einer Art Lebewesen müsste, wie Philo ausführt, per Analogieschluss dazu führen, dass ihr Ursprung eher von Zeugung und Wachstum als von Vernunft und Absicht abzuleiten ist. „Die Welt gleicht offensichtlich mehr einem Tier oder einer Pflanze als einer Uhr oder einem Webstuhl. Deshalb gleicht die Ursache der Welt mit größerer Wahrscheinlichkeit der Ursache der ersteren". Konkret könne man etwa annehmen:

> Ähnlich wie ein Baum seinen Samen über die benachbarten Felder verstreut und dadurch weitere Bäume hervorbringt, so erzeugt die große Pflanze, die Welt oder dies Planetensystem, in sich selbst eine Art Samen, der, in das umgebende Chaos gestreut, zu neuen Welten erwächst.

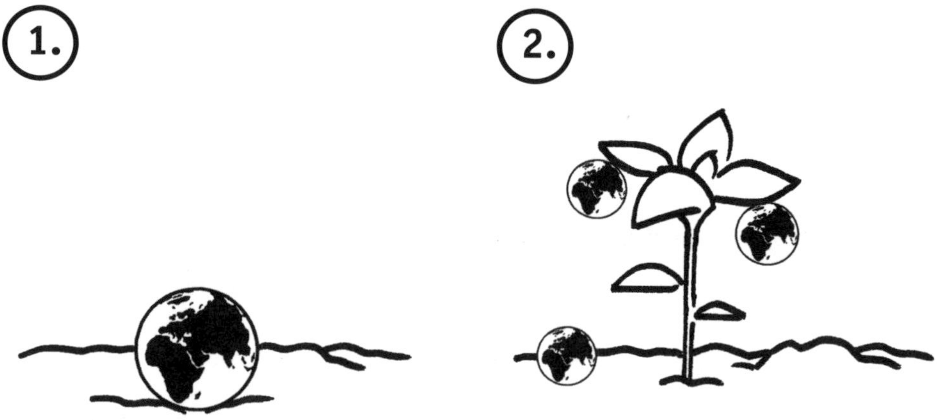

Diese Vorstellung ist von Hume freilich nicht allzu ernst gemeint, sondern soll lediglich belegen, dass wir keine verlässlichen Daten haben, um irgendein System der Kosmologie zu errichten. Eine der christlichen Religion entsprechende Kosmogonie per Vernunft sei per se nicht wahrscheinlicher als irgendeine alternative Konzeption der Entstehung des Weltalls durch ein anderes Prinzip wie Zeugung, Wachstum usw. Demea wendet dagegen ein:

> Auch wenn die Welt die Eigenschaften einer Pflanze hätte und die Samen neuer Welten in das unendliche Chaos streuen könnte, so würde diese Fähigkeit noch ein zusätzliches Argument für eine absichtsvolle Planung in ihrem Urheber darstellen. Denn woher könnte eine so erstaunliche Fähigkeit stammen, wenn nicht aus Planung? Oder wie kann Ordnung aus etwas entstehen, das diese Ordnung, die es verleiht, nicht selbst wahrnimmt?

Dies ist in der Tat die zentrale Frage und Hume hält es offensichtlich für unentscheidbar, ob „Ordnung ihrer Natur nach untrennbar mit Denken verbunden ist" oder ob Ordnung vielleicht „durch ursprüngliche, unbekannte Prinzipien der Materie angehören kann". Diese Frage wird seltsam akzentuiert auf die Frage heruntergebrochen, ob „Zeugung aus der Vernunft" oder „Vernunft aus der Zeugung" hervorgegangen ist. Ein „schwacher Schatten von Erfahrung" spräche hier zugunsten der letzteren Auffassung.

Eine vordarwinistische Evolutionstheorie

Sodann erläutert Philo sein „evolutionäres“ Weltbild, das in den *Dialogen* als Variante der „epikureischen Hypothese“ bezeichnet wird. Den von Demea erhobenen Einwand, dass die Materie doch keine Bewegung erlangen könne, ohne eine willkürliche Ursache oder ohne einen ‚ersten Beweger‘ vorauszusetzen, entkräftet Philo ohne Schwierigkeit: Bewegung entstehe in der Materie in vielen Fällen ohne irgendeine bekannte willkürliche Ursache: nämlich durch Schwere, durch Elastizität, durch Elektrizität usw. Auch sei es vorstellbar, dass das ganze Universum sich schon durch alle Ewigkeit in Bewegung befindet. Außerdem gebe es augenscheinlich eine Ordnung der Dinge, bei der die Materie die beständige Bewegung erhalten und dennoch in den Formen, die sie hervorbringt, Beständigkeit bewahren kann. Die andauernde Bewegung der Materie *musste* diese Ordnung hervorbringen, und sie „erhält sich selbst, nachdem sie einmal hergestellt ist, durch ihre eigene Natur für lange Zeiten“. Aus dieser *natürlich entstandenen* Ordnung resultiert all der „Anschein von Kunst und planvoller Anlage“. Dieser für Hume offenbar sehr bedeutsame Gedanke wird von Philo im achten Teil der *Dialoge* noch einmal mit etwas anderen Worten wiederholt:

> Nehmen wir an, die Materie würde durch eine blinde, ziellose Kraft in irgendeinen Zustand versetzt. Dann liegt es auf der Hand, dass dieser Anfangszustand in aller Wahrscheinlichkeit so verworren und ungeordnet sein muss, wie man sich nur vorstellen kann [...]. Wenn die genannte Antriebskraft danach ihre Wirkung verliert, so muss die Materie für immer in Unordnung verharren und als unermessliches Chaos, ohne Gleichmaß und Tätigkeit, fortdauern. Angenommen jedoch, dass die Antriebskraft, wie immer sie beschaffen sein mag, in der Materie fortwirkt, so wird der Anfangszustand sogleich einem zweiten Zustand Platz machen [...] und so fort durch eine lange Serie von Veränderungen und Umwandlungen. [...] Jede mögliche Formation wird erzeugt und sogleich wieder zerstört. [...]
> So verbleibt das Universum über lange Zeiträume in einer kontinuierlichen Folge von Chaos und Unordnung. Aber ist es nicht möglich, dass es sich schließlich stabilisiert; dass es darauf zwar seine Bewegung und Antriebskraft nicht verliert [...], trotzdem aber inmitten der ständigen Bewegung und Fluktuation seiner Teile eine Gleichförmigkeit der Erscheinung bewahrt? – In diesem Zustand finden wir das Universum gegenwärtig. Jedes einzelne Ding sowie jedes seiner Teile unterliegen einem ständigen Wandel; und doch weist das Ganze ein stabiles Erscheinungsbild auf.

Diese Erklärung hält Philo für eine *plausible*, wenn nicht gar wahre Lösung des Problems der Entstehung der Welt. Cleanthes wendet dagegen ein, dass eine solche Hypothese *im Detail* überhaupt nichts erklären würde: „Zwei Augen, zwei Ohren sind nicht unbedingt erforderlich für die Erhaltung der Art. Das menschliche Geschlecht könnte sich auch ohne Pferde, Hunde, Kühe, Schafe und ohne jene unzähligen Früchte und Erzeugnisse, die uns Befriedigung und Genuss verschaffen, fortgepflanzt und erhalten haben."
Philo gibt zu, dass seine Erklärung unvollständig und unvollkommen sei, er meint aber, von einer kosmogonischen Theorie dürfe man generell nie mehr erwarten. Gegenüber der Schöpfungstheorie stünde seine Hypothese jedenfalls in besserem Einklang mit der Erfahrung. Besonders interessant bei dieser Kontroverse ist die Tatsache, dass Hume den Protagonisten seiner *Dialoge* den quasi-darwinschen Begriff der Erhaltung der Art in den Mund gelegt hat – und das fast ein Jahrhundert vor Darwins revolutionären Gedanken!

Literatur

1. Humes philosophische Werke

A Treatise of Human Nature. Vol. 1 *Of the Understanding & Vol. 2 Of the Passions*, 1739; Vol. 3 Of Morals, 1740.
Deutsch: *Ein Traktat über die menschliche Natur*, Buch I: *Über den Verstand*, Hamburg (Meiner) 1989; Buch II: *Über die Affekte* und Buch III: *Über Moral*, Hamburg (Meiner) 1978.

An Abstract of a Treatise of Human Nature, 1740 anonym veröffentlicht; Neuauflage hg. v. J. M. Keynes & P. Staffa, Cambridge 1938.
Deutsch: *Abriss eines neuen Buches*, betitelt: *Ein Traktat über die menschliche Natur etc.*, Hamburg (Meiner) 1980.

An Enquiry concerning Human Understanding, 1748 (Umarbeitung von Buch I des *Treatise*).
Deutsch: *Eine Untersuchung über den menschlichen Verstand*, Stuttgart (Reclam) 1976; Hamburg (Meiner) 1993.

An Enquiry concerning the Principles of Morals, 1751 (Umarbeitung von Buch III des *Treatise*).
Deutsch: *Eine Untersuchung über die Prinzipien der Moral*, Stuttgart (Reclam) 1984; Hamburg (Meiner) 2003.

A Dissertation of the Passions, 1757 (Umarbeitung von Buch II des *Treatise*).
Deutsch: *Eine Dissertation über die Affekte*, Stuttgart (Reclam) 2016.

The Natural History of Religion, 1757.
Deutsch: *Die Naturgeschichte der Religion*, Hamburg (Meiner) 1984.

Dialogues concerning Natural Religion, 1779 posthum veröffentlicht.
Deutsch: *Dialoge über natürliche Religion*, Stuttgart (Reclam) 1981; Hamburg (Meiner) 1993.

Essays on suicide and the immortality of the soul, ascribed to the late David Hume, Esq., posthum veröffentlicht London 1777; London (Penguin Books) 2005.
Deutsch: *Über den Freitod und Über die Unsterblichkeit der Seele*, Stuttgart (Reclam) 2018.

Online-Versionen der englischen Texte von Hume findet man unter *https://davidhume.org.*

2. Sekundärliteratur

Eine ausführliche, von Heiner Klemme erstellte Bibliographie der bis 1988 erschienenen Sekundärliteratur zum *Traktat über die menschliche Natur* findet sich in der von Reinhard Brandt besorgten Neuausgabe von Buch I des genannten Werks (s. o.). Zu den wichtigsten, nach 1988 erschienenen Publikationen über Hume gehören:

Englischsprachige Titel

Baier, Annette C.: *A Progress in Sentiments. Reflections on Hume's Treatise*, Cambridge, MA (Harvard University Press) 1991.

Blackburn, Simon: *How to read Hume*, London (Granta Books) 2008.

Bricke, John: *Mind and Morality. An Examination of Hume's Moral Psychology*, New York (Oxford University Press) 1996.

Buckle, Stephen: *Hume's Enlightment Tract: The Unity and Purpose of an Enquiry Concerning Human Understanding*, Oxford (Oxford University Press) 2004.

Capaldi, Nicolas: *Hume's Place in Moral Philosophy*, New York (Peter Lang) 1989.

Garrett, Don: *Cognition and Commitment in Hume's Philosophy*, New York (Oxford University Press) 1997.

Loeb, Louis: *Stability and Justification in Hume's Treatise*, New York (Oxford University Press) 2002.

Millican, Peter (Ed.): *Reading Hume on Human Understanding: Essays on the First Enquiry,* Oxford (Oxford University Press) 2002.

Norton, David F. (Ed.): *The Cambridge Companion to Hume,* Cambridge (Cambridge University Press) 1993.

Price, John V.: "Sceptics in Cicero and Hume", *Journal of the History of Ideas 25* (1964), 97–106.

Price, John V.: *David Hume*, Boston (Twayne Publ.) 1991.

Read, Rupert & Richman, Kenneth A. (Eds.): *The New Hume Debate*, London/New York (Routledge) 2000.

Russell, Paul: *Freedom and Moral Sentiment. Hume's Way of Naturalizing Responsibility*, New York (Oxford University Press) 1995.

Strawson, Galen: *The Secret Connexion. Causation, Realism and David Hume*, Oxford (Oxford University Press) 1989.

Townsend, Dabney: *Hume's Aesthetic Theory. Taste and Sentiment*, New York (Routledge) 2001.

Deutschsprachige Titel:

Brosow, Frank & Klemme, Heiner F. (Hg.): *David Hume nach 300 Jahren. Historische Kontexte, systematische Perspektiven*, Münster (mentis) 2014.

Brosow, Frank: *Hume – Eine Einführung*, Stuttgart (Reclam) 2021.

Gräfrath, Bernd: *Moral sense und praktische Vernunft. David Humes Ethik und Rechtsphilosophie*, Stuttgart (Metzler) 1991.

Klemme, Heiner F.: *David Hume zur Einführung*, Hamburg (Junius Verlag) 2007.

Kulenkampff, Jens: *David Hume*, München (C.H. Beck) 1989.

Streminger, Gerhard: *David Hume – Sein Leben und sein Werk*, Paderborn (F. Schöningh) 1994.

Streminger, Gerhard: *David Hume – Der Philosoph und sein Zeitalter*, München (C.H. Beck) 2011.

Sonstige zitierte Literatur

Beckermann, Ansgar: *Gehirn, Ich, Freiheit – Neurowissenschaften und Menschenbild*, Paderborn (mentis) 2008.

Frankfurt, Harry G.: „Alternative Handlungsmöglichkeiten und moralische Verantwortung", in: ders., *Freiheit und Selbstbestimmung*, hg. v. M. Betzler & B. Guckes, Berlin (Akademie Verlag) 2001, 53–64.

Gründel, Johannes: „Sexualität im Lichte christlicher Verkündigung", in: *Zeitschrift für Allgemeinmedizin 24* (1984), 1148–1154.

Guckes, Barbara: „Frankfurts Herausforderung an den Inkompatibilisten", in: M. Betzler & B. Guckes (Hg.), *Autonomes Handeln: Beiträge zur Philosophie von Harry G.* Frankfurt, Berlin (Akademie Verlag) 2000, 39–58.

Kutschera, Franz von: *Grundlagen der Ethik*, Berlin (de Gruyter) 1999.

Leibniz, Gottfried Wilhelm: *Neue Abhandlungen über den menschlichen Verstand*, Darmstadt (Wissenschaftliche Buchgesellschaft) 1985.

Lenzen, Wolfgang: *Liebe, Leben, Tod – Eine moralphilosophische Studie*, Stuttgart (Reclam) 1999.

Lenzen, Wolfgang: „Braucht Freiheit Zufall?", in: U. Herkenrath (Hrg.), *Zufall in der belebten Natur – Beiträge eines interdisziplinären Symposiums November 2015*, Hennef (Roman Kovar) 2018, 163-184.

Newton, Isaac: *Philosophiae Naturalis Principia Mathematica*, London 1686.

Reid, Thomas: "The Liberty of the Moral Agent", in: ders., *Inquiries and Essays*, hrg. v. R. E. Beamblossom & K. Lehrer, Indianapolis (Hackett Publ. Comp.) 1983, 297-368.

Schopenhauer, Arthur: *Preisschrift über die Freiheit des Willens*, Hamburg (Meiner) 1981.

Schopenhauer, Arthur: „Metaphysik der Geschlechtsliebe", in: ders., *Die Welt als Wille und Vorstellung*, Bd. 2, Kap. 44, Berlin (Weichert) 1902, 518–556.

Singer, Peter: *Praktische Ethik*, Stuttgart (Reclam) 1984.

Der Autor

Wolfgang Lenzen war bis zu seiner Pensionierung 2011 als Professor für Analytische Philosophie an der Universität Osnabrück tätig. Seine Forschungsschwerpunkte liegen in Bereichen der Analytischen Philosophie (u. a. Erkenntnistheorie, Logik, Angewandte Ethik, Philosophie des Geistes). Zu seinen wichtigsten Buchveröffentlichungen gehören *Recent Work in Epistemic Logic* (1978), *Glauben, Wissen und Wahrscheinlichkeit* (1980), *Das System der Leibnizschen Logik* (1990), *Liebe, Leben, Tod* (1999), *Calculus Universalis* (2004), *Leibniz' Schriften zur Syllogistik* (2019) und *Abaelards Logik* (2021). Über seine Erfahrungen und Erlebnisse des Bergsteigens und Ausdauersports berichtet er außerdem in *Magische Ziele* (2007) und *Das letzte magische Ziel – Vom Philosophen, der nach der Pensionierung in einem Jahr die Welt umradelte* (2016).

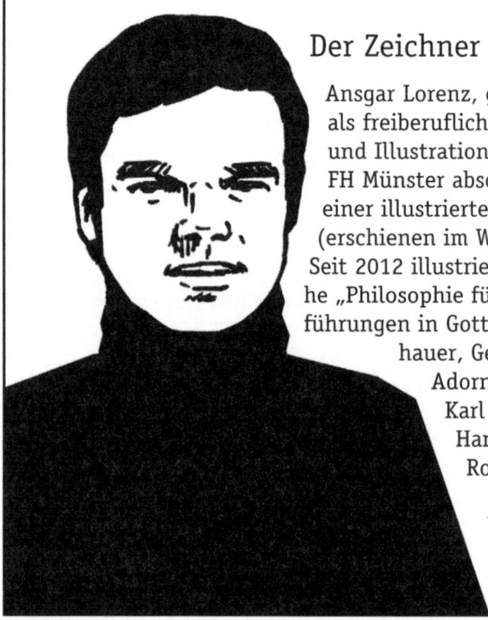

Der Zeichner

Ansgar Lorenz, geboren in Hannover, lebt und arbeitet als freiberuflicher Illustrator in Mannheim. Sein Design- und Illustrations-Studium hat er an der HGB Leipzig und FH Münster absolviert. Das Diplom schloss er 2008 mit einer illustrierten Geschichte der Arbeiterbewegung ab (erschienen im Wilhelm Fink Verlag, Paderborn 2009). Seit 2012 illustriert er für den Wilhelm Fink Verlag die Reihe „Philosophie für Einsteiger". Erschienen sind bisher Einführungen in Gottfried Wilhelm Leibniz, Arthur Schopenhauer, Georg Wilhelm Friedrich Hegel, Theodor W. Adorno, Friedrich Nietzsche, Michel Foucault, Karl Marx, Immanuel Kant, Walter Benjamin, Hannah Arendt, Judith Butler, Jean-Jacques Rousseau, Thomas Hobbes u. a.

Weitere Informationen im Web unter:
www.ansgarlorenz.de